세상 모든 사람이 '외향성'에 환호하더라도
우리는 침착하게 "내향성인 나도 좋아!"라고 말할 수 있어야 한다.

〈투 브로크 걸즈2 Broke Girls〉에 나오는
"때때로 하늘이 무너지는 것 같지만, 사실은 네가 삐뚤게 서 있는 거야."라는
대사와 같이 이 세상은 생각보다 그렇게 적대적이지 않다.

침착하게 사는 사람은 좀처럼 미래를 예측하지 않는다.
미래의 일은 아무도 알 수 없고 인생은 무수한 현재로 이루어져 있다는 사실을
잘 알기 때문에 '매 순간'에 전념할 수 있다.

자신이 할 수 있는 일은 최선을 다해서 하고, 바꿀 수 없는 일은
'그냥 그렇게' 두면 된다. 벌어진 일은 그냥 받아들이고 현재에 집중하라.

假装自己很外向  by 杨思远
Copyright © Sichuan Tiandi Publishing House CO., Ltd., 2022 All rights reserved.
The Korean Language translation © 2023 DAVINCIHOUSE Co.,LTD.
The Korean translation rights arranged with Sichuan Tiandi Publishing House Co., Ltd.
through EntersKorea Co., Ltd.

이 책의 한국어판 저작권은 ㈜엔터스코리아를 통한 중국 Sichuan Tiandi Publishing House CO.,
Ltd. 와의 계약으로 (주) 다빈치하우스가  소유합니다.
저작권법에 의하여 한국 내에서 보호를 받는 저작물이므로 무단전재와 무단복제를 금합니다.

당신은 어떤 가면을
쓰고 있나요

# 당신은 어떤 가면을 쓰고 있나요

**펴낸날** 2023년 6월 10일 1판 1쇄

**지은이**_양스위엔
**옮긴이**_박영란
**펴낸이**_김영선
**편집주간**_이교숙
**책임교정**_정아영
**교정교열**_나지원, 남은영, 이라야
**경영지원**_최은정
**일러스트**_연은미
**디자인**_바이텍스트
**마케팅**_신용천

**펴낸곳**  (주)다빈치하우스-미디어숲
**주소**  경기도 고양시 덕양구 청초로 66 덕은리버워크지산 B동 2007호~2009호
**전화**  (02) 323-7234
**팩스**  (02) 323-0253
**홈페이지**  www.mfbook.co.kr
**이메일**  dhhard@naver.com (원고투고)
**출판등록번호** 제 2-2767호

**값** 18,800원
ISBN 979-11-5874-191-4 (03180)

명랑한 척하느라 힘겨운 내향성 인간을 위한 마음 처방

# 당신은 어떤 가면을 쓰고 있나요

양스위엔 지음
박영란 옮김

이제 네 감정보다는 내 감정을 챙기며 삽니다

미디어숲

# 이제 가면을 벗고
# '나답게' 살겠습니다

자정이 지난 늦은 시간.

한 기업의 최고마케팅책임자<sup>CMO</sup>인 그녀는 완전히 녹초가 된 채 집으로 돌아가는 택시에 몸을 실었다. 음악을 들으며 도시의 야경을 바라보고 있자니 자기도 모르게 탄식이 흘러나왔다.

"아, 이제야 숨 좀 돌리겠네."

불과 두 시간 전만 해도 그녀는 회사에서 주최한 만찬에서 고객들과 이야기를 나누며 연신 웃음꽃을 피웠다. 그녀는 노련하고 세심하게 원래 알고 지내던 사람들과 새롭게 알게 된 사람들 사이를 바쁘게 오가며 회사 제품과 서비스에 대한 의견에 귀를 기울였다. 그리고 그중 몇 명과 요즘 골프 치러 가기에 좋은 곳이 어디인지 이야기하며 약속을 잡기도 했다.

쾌활하고 명랑한 성격 탓인지 매사 열정적이고 적극적으로 보여서 모두 그녀가 에너지 넘치는 사람이라고 생각했다. 그래서인지 그녀의 유쾌하고 열정적인 모습 뒤에 지칠 대로 지친 그녀의 진짜 모습을 아는 사람은 없었다. 그녀는 누구의 방해도 받지 않고 오롯이 혼자 있을 수 있는 공간을 간절히 원했다.

당신의 마음은 죽을 만큼 힘든데 많은 사람 앞에서 밝은 모습을 보이려고 애쓴 적이 있는가? 각종 모임이나 행사에서 누구와도 잘 지내는 것 같지만 속으로 극심한 외로움을 느꼈다거나, 주변 사람들은 외향적인 사람으로 알지만 실은 이 모두가 거짓이라는 것을 스스로 느낀 적이 있는가?

'외향성'은 그저 우리의 진짜 모습을 감추기 위해 늘 쓰는 가면일 뿐이다. 나는 이것을 '가짜 외향성'이라고 부른다.

'외향성'이라는 용어는 심리학자 칼 융$^{Carl\ Gustav\ Jung}$이 1912년에 펴낸 대표 저서 『심리 유형$^{Psychologische\ Typen}$』에서 '내향성'과 '외향성'의 개념을 처음으로 주장하면서 나왔다. 그는 '내향적인' 사람들은 에너지가 내부를 향하고, 혼자 있는 것으로 에너지를 얻기 때문에 조용한 것을 선호하는 반면, '외향적인' 사람들은 에너지가 외부를 향하고, 사람과의 교제를 통해 에너지를 얻기 때문에 대부분 밝고 활발하다고 했다.

사회가 발전하는 과정에서 '내향성'과 '외향성'은 인간이 가진 성격적 특징을 묘사할 때 점점 더 많이 사용되었다. 그래서 '외향성'인 사람에게는 명랑하고 언변이 뛰어난 사람, '내향성'인 사람에게는 무뚝뚝하고 말주변이 없고, 친구가 없는 사람이라는 꼬리표가 따라다니곤 한다.

인간은 사회적 동물이기 때문에 스스로 발전하려면 끊임없이 사회와 연결되어야 한다. 사실상, 외향적인 사람들은 내향적인 사람들보다 타인과 손쉽게 교류해 사회 전반에서 더 선호하는 경향이 있다. 그리고 학교나 가정에서도 무엇이든 적극적으로 달려들어 도전하는 외향적인 사람이 되라고 가르친다. 선생님은 '집단에 융화'되고 '적극적이고 주도적'으로 행동하라고 가르치고, 부모님은 '친척이나 친구를 만나면 먼저 인사해야 한다'

고 가르친다.

외향적인 사람이 더 많은 기회를 잡는다고 생각하기 때문이다. 전반적인 사회 분위기가 이렇다 보니, 어느새 '내향적인 사람'은 사회로부터 환영받지 못하는 사람의 대명사가 되었다. 심지어 때때로 내향적인 성격을 실패의 주원인으로 여기기도 한다.

이러한 집단적인 무의식의 영향으로, 내향적인 사람들은 종종 자신에게 "내 성격 때문이야." 또는 "내가 내향적이라서 안 돼." 와 같은 라벨링을 한다. 그리고 자신에게 붙인 이러한 라벨링 때문에 스스로 변화를 꾀하고자 고군분투한다. 자신을 외향적으로 보이려고 노력하고 사회적 기준에 맞추기 위해 애쓴다. 그러면서 정신적 공감을 얻고 내적 소속감에 대한 갈증을 충족시킨다.

하지만 자신의 진짜 감정을 고려하지 않고 외향성을 흉내 내기 시작하면, '가짜 외향성'이라는 것이 생길 수 있다. 이 단어엔 부정적인 의미만 있는 것은 아니다. 우리는 모두 사회적 역할을 하기 위해 타인과의 상호작용에서 다양한 가면을 쓸 수밖에 없다. 가짜 외향성도 그중 하나다.

앞에서 사례로 든 그녀는 최고마케팅책임자라는 업무상 특정 장소에서는 외향적으로 보여야 했다. 이런 상황에서 가짜 외향성은 부정적 의미가 아니라 오히려 긍정적 의미로 작용한다. 그런데 가짜 외향성의 진짜 문제는, 사회적 관계에서 활발하고 언변이 뛰어난 모습을 보여 주느라 자기 내면의 진짜 감정을 무시하고 내향성을 부정하는 것이다. 함께 있을 때 얼마든지 활짝 웃을 수 있지만 실은 조금도 행복하지 않다. 정말 내향적인 사람인데 직업의 특성상 특정 장소에서 '외향적'으로 행동해야 한다면 자신의 내향성을 인정하고 매일 자신에게 혼자만의 공간과 시간을 할애하여 심리적 에너지를 얻을 수 있도록 해야 한다.

만약 그녀가 가짜 외향성을 버리고 혼자만의 시간을 갖기 위해 상대방의 호의적인 초대를 거절한다면 이로 인해 오해와 비난을 감당해야 할지도 모른다. 하지만 사회적인 위치 때문에 그 어떠한 거절도 내치지 못한 채 오로지 다른 사람을 만족시키기 위해 '외향적인 사람'이 되려고 노력한다면 그녀의 심리적 에너지는 계속 소모되어 결국 심신의 건강에 큰 영향을 미칠 것이다.

우리가 외향적인 모습을 보여 주거나 심지어 스스로 외향적인 척하는 것은 문제가 되지 않는다. 다만 자신의 내향성을 부정하고 완전히 다른 사람의 기대 속에서 살면서 자신의 진실한 감정을 무시하면 문제가 발생한다.

세상 모든 사람이 '외향성'에 환호하더라도 우리는 침착하게 "내향성인 나도 좋아!"라고 말할 수 있어야 한다.

나는 당신이 언제나 활짝 웃었으면 좋겠다. 억지로 지어내는 웃음이 아니라 정말로 마음이 즐거워서 웃기를 바란다.

저자 양스위엔

차례

# PART 1

## 외향성 고독
### -알고 보면 내향형 인간입니다

## PART 2

# 내적 치유
## −마음의 상처는 어떻게 돌봐야 할까요

## PART 3

# 경계 의식
## −내 중심을 잡으면 휘둘리지 않아요

# PART 4

## 관계의 실체
### -친밀한 관계 속에서 더 나은 내가 됩니다

# PART 5

## 단단한 자아 만들기
### -진짜 행복은 단단한 자아에서 옵니다

'가짜 자립'에 작별을 고하고
자신의 연약함을 보여 줄 수 있을 때,
선의와 사랑이
자신에게 끊임없이 밀려온다는 사실을
깨달을 것이다!

_본문 중에서

실제로 당신이 잘못하지 않았음에도 당신은 여전히 무의식적으로
자신의 수치심을 인정하며 자신을 '표현하는 것'이
다른 사람을 '공격하는 것'이라고 인식한다. 이러한 잠재의식은 당신이
성장한 후에도 다른 사람이 경계를 넘어 심리적 약탈을 할 수 있도록 허용하고,
괴롭고 힘들어도 거절하지 못하게 만든다.

# PART 1

# 외향성 고독

알고 보면 내향형 인간입니다

만약 다른 사람들이 나에게 실망하더라도 그걸 받아들일 수 있는 여유
가 있다면, 굳이 사람들 사이에서 '인기 있는 사람'이 되기 위해 애써 노
력할 필요가 없다. 또한 다른 사람들의 감정 변화에 크게 영향을 받지도
않는다. 인간관계에서 피로감을 느끼고 싶지 않다면, 일단 다른 사람이
실망하더라도 괜찮다는 용기부터 내보자.

# 쾌활한 모습이
# 진짜가 아닐 수 있다

### 나는 감정 기여자 또는 감정 조력자?

다희는 모두가 인정하는 '인싸'(조직이나 또래 집단에 잘 어울리고 유행에서 앞서간다는 인사이더Insider의 줄임말)다. 파티나 모임의 주최자가 누구든 다희만 있으면 분위기가 어떨지 걱정할 필요가 전혀 없었다. 지금까지 그녀가 속한 모임에서 분위기가 가라앉은 적은 한 번도 없었기 때문이다. 그래서인지 모임이나 파티를 빼고 그녀의 삶을 얘기하는 건 상상할 수 없는 일이다.

'똑똑하다, 활발하다, 열정적이다, 유머러스하다.'

주변 사람들이 그녀를 생각했을 때 떠올리는 말들이다. 그러나 무슨 이유에서인지 정작 그녀는 화려한 껍데기 안에 다른 사람과 어울리기 싫어하고 소외된 고독한 자아가 숨어 있는 것처럼 느껴진다. 그래서 매번 사람들과 함께 있는 자신의 모습이 진짜가 아니라는 생각을 떨쳐내기 힘들었다.

'왜 사람들을 만나고 돌아올 때마다 이렇게 지치는 걸까?'

'왜 늘 사람들로부터 도망치고 싶은 충동을 느낄까?'

'따뜻하고 열정적인 나? 차갑고 무뚝뚝한 나? 대체 어느 쪽이 진짜인 거지?'

'인싸', '소셜 피플'이라는 별명을 얻었으면서도 그녀는 종종 이런 혼란을 겪어야 했다.


우리는 각자 '서사적 자아'를 가지고 있다. 서사적 자아는 우리 개인이 가지고 있는 개성, 행동, 태도, 감정, 생각 등이 모두 합쳐진 개념으로, '나는 누구인가'라는 질문에 답하기 위해 자신의 표현과 경험에 의미를 부여하는 것이다. 이는 개인이 스스로 자신의 삶을 이해하고 이야기를 만들어가는 과정에서 중요한 역할을 한다.

이런 자기표현이 일정 기간 계속되면 '서사적 자아'를 통해 '나는 누구인가'에 대한 답을 쉽게 표현할 수 있지만, 자기표현이 혼란스럽고 충동적이면 '나는 누구인가'에 대한 답을 얻지 못하고 오히려 마음속 깊은 곳에서 '자아 동일성'(self-identity, 타인과 구별되는 한 개인으로서 현재의 자신은 과거의 자신과 같으며 미래의 자신과도 이어진다는 생각)에 대한 불안이 올라온다.

다희는 다른 사람과 함께 있을 때 자신의 모습이 가짜라고 생각한다. 어쩌다 이런 생각을 하게 됐을까? 누가 봐도 외향적이고 밝은 사람이 왜 스스로 외롭다고 느끼는 걸까?

사실 '인싸'들에게는 넘치는 에너지와 충만한 열정 외에도 남들이 잘 눈치채지 못하는 특징이 있다. 그들은 언제 어디서나 다른 사람의 마음을 쉽게 열고, 일반 사람들이 느끼지 못하는 상대방의 감정을 잘 포착할 뿐만 아니라 대화를 나누는 상대방을 편안하게 해 준다. 어떻게 보면 그들은 자기 비하에 탁월하고 자신은 특별히 원하는 게 없는 것처럼 보일 때도 있다.

자, 이제 어떤 생각이 드는가? '인싸'의 화려한 후광이 아닌 숨겨진 '감정 기여자' 또는 '감정 조력자'라는 이미지가 떠오른다.

어떤 모임이든 그곳에 있는 사람들을 만족시키고 별 다섯 개짜리 '좋아요'를 얻으려면 사람들의 감정을 살피고 그들의 욕구를 충족시켜야 한다. 그러니 어찌 피곤하지 않겠는가.

자기감정의 필요는 무시하고 다른 사람의 감정적 에너지원이 되기를 선택한 셈이다. 이것이 바로 다희가 '인싸'가 될 수 있었던 비결인 동시에 그녀가 외로움을 느끼고 극심한 심신의 피로를 느꼈던 이유이기도 하다.

## 감정에 민감한 사람들의 공통점

그렇다고 모든 사람이 다희처럼 '인싸'가 될 수 있는 것은 아니다. 여기에는 감정에 민감하게 반응하는 '타고난 재능'이 있어야 하기 때문이다. 그녀는 아주 어렸을 때부터 자신에게 '타고난 재능'이 있다는 사실을 깨달았다. 예를 들어 수업 시간에 선생님이 화를 낼 타이밍을 누구보다 빠르고 예리하게 예측했고, 쉬는 시간이나 친구들과 놀 때 눈빛만으로 누가 자신과 놀고 싶어 하는지 알아차렸다.

우리는 다희처럼 감정에 민감한 사람들을 종종 만날 것이다. 이럴 때 그들에게는 다음과 같은 공통점이 있다는 걸 염두에 두자.

**첫째, 공감 능력이 매우 뛰어나다.**

책을 읽거나 영화, 드라마를 볼 때 그들은 너무 쉽게 몰입해서 작품 속 인물의 운명에 따라 감정이 요동치곤 한다. 다른 사람의 감정을 잘 이해하기 때문에 주위 사람들이 기꺼이 마음을 터놓는다.

**둘째, 디테일을 관찰하는 능력이 매우 뛰어나다.**

그들조차도 왜 다른 사람들이 눈치채지 못하는 디테일을 항상 예민하게 포착하고, 자기도 모르게 분석하고 그것도 모자라 생산적인 피드백까지 하려는지 잘 모른다.

**셋째, 습관적으로 자신을 낮추고 다른 사람에게 양보한다.**

그들은 다른 사람의 감정을 잘 느낄 뿐만 아니라 그 감정을 이해할 줄도 알기 때문에 종종 다른 사람의 감정을 돌보기 위해 자신을 낮추기도 한다.

### 다른 사람들의 감정에 민감한 이유

감정에 민감한 사람들의 이러한 기질은 어떻게 형성되는 것일까? 어떤 사람들의 감정적 민감함은 유전적 요인 때문일 수도 있다. 즉, 그들은 비정상적으로 민감하고 과도하게 공감하는 뇌 구조를 가지고 태어났다는 의미다. 반면에 어떤 이들은 성장 과정에서 영향을 받아 후천적으로 감정에 민감해진 경우도 있다.

다희에게 어린 시절 특별한 경험에 관해 묻자 그녀는 남의 집

살이를 했던 기억을 떠올렸다. 당시 다희는 집과 학교가 너무 멀어서 초등학교 3학년 때부터 중학교를 졸업할 때까지 외삼촌 댁에서 지냈다. 외삼촌과 외숙모 모두 따뜻하게 대해 주셨지만 그녀는 늘 어딘지 모르게 위축되고 소심하게 지냈다고 한다.

혹시라도 외삼촌 부부가 그녀를 싫어하지 않을까 걱정이 됐고 괜한 폐를 끼치는 것 같아 마음이 불편했다. 그래서 너무 많이 먹지 않으려고 일부러 식욕을 조절했고, 항상 숙제를 빨리 마치고 외숙모의 집안일을 도왔다. 또한 좋아하는 간식이 있어도 마음껏 먹지 못하고 사촌 동생을 위해 남겨두곤 했다.

그때부터 다희는 다른 사람의 감정 변화에 매우 민감하게 반응하기 시작했다. 비록 외삼촌 댁이라 해도 남의 집에서 지내는 환경이라 늘 안정감을 주지 못했다. 이런 환경에서 그녀는 자신을 불안한 상태에 밀어 넣었다. 이런 불안함에 대처하기 위해서는 주변 환경의 변화에 민감하게 반응해야만 했다. 그래야 자신이 상처받는 일이 없기 때문이다. 물론 외삼촌 부부가 그녀에게 해코지하거나 상처를 줄 리는 없지만 어린 10대 소녀에게 자신이 '반갑지 않은', '환영받지 못한' 존재일 수 있다는 가능성 자체가 이미 감당하기 힘든 상처다. 그녀의 민감함은 자기를 보호하는 하나의 수단이 된 셈이다.

'안정감이 부족한 환경'뿐만 아니라 '비판적 환경'에서 자란 아이도 감정적으로 민감한 경향이 있다. 이런 환경의 부모는 평소에도 칭찬에 인색한 편인데 아이가 잘못을 저지르면 바로 아이를 혼내곤 한다. 아이가 부모의 기대와 요구에 부응하지 못하면 아주 심하게 혼내거나 실망감에 잔소리를 늘어놓아 아이가 '나는 정말 나쁜 사람이야.'라고 생각하게 만든다.

부모의 부정적 판단으로 인해 아이는 자신에 대한 부정적 평가를 내재화하고 '나는 정말 나쁜 사람이야.'라는 생각에서 벗어나기 위해 유난히 예민해지고 부모의 감정 변화에 따라 최대한 맞춰 안정시키려고 한다. 부모의 기분이 좋고 기뻐야만 '나는 좋은 사람이야.'라고 생각할 수 있기 때문이다. 이런 아이는 성인이 된 후에도 상대방이 좋은 감정 상태에 있도록 여전히 다른 사람의 비위를 맞추기 위해 애쓴다.

### 마음 깊은 곳에 박힌 두려움

다희는 자신이 감정적으로 예민하게 반응하는 원인을 파악하자 새로운 의문이 들었다.

'많이 지치지 않는 선에서 인싸가 되는 방법이 있을까?'

어쩌면 이 질문에 대한 답은 그녀가 오랜 시간을 들여서 찾아야 할지도 모르겠다. 그리고 그 전에 확실하게 짚고 넘어가야 할 문제는 "왜 꼭 인싸가 되어야 하는가? 되지 않으면 안 되는가?"
이다.

이 질문에 대해 그녀는 별생각 없이 대답했다.

"당연히 안 되죠!"

왜 안 되느냐는 질문에 그녀는 한참을 고민하다가 입을 열
었다.

"인싸가 되지 못한다는 것은 그만큼 친구가 없다는 말이고, 그
만큼 사람들이 나를 원하지 않는다는 뜻이잖아요. 그럼 가치가
없는 사람이나 마찬가지니까 절대 그럴 수는 없어요!"

다시 말해서 그녀가 받아들일 수 없는 것은 인싸가 되지 못하
는 것이 아니라 다른 사람들이 필요로 하지 않는, 가치 없는 사
람이 되는 것이다. 그녀를 사람들 속으로 몰아넣는 원동력은 다
름 아닌 마음 깊은 곳에 뿌리박힌 '두려움'이었다. 우리는 두려
움을 느낄 때 자연스럽게 타협하고 양보하며, 다른 사람의 감정
에 과도하게 휘말리고 좋은 사람이 되기 위해 억지로 밀어붙인
다. 그러면 결국 몸도 마음도 버티지 못하고 지치고 만다.

### 잘못된 인식을 바로잡다

다른 사람과의 교제에서 지치지 않고 자유로우려면 두려움부
터 내려놓아야 한다. 그러나 두려움을 내려놓기 위해선 매우 안

정적이고 강인한 핵심 자아를 가지고 있어야 하므로 말처럼 쉽지는 않다. 자아를 변화시키는 것은 길고 어려운 과정이지만 인식을 바꾸는 것은 상대적으로 쉽고 간단하다.

다희가 깨닫지 못한 사실은 스스로 '다른 사람의 감정에 책임을 져야 한다. 그러지 않으면 그들은 나를 좋아하지 않을 것이다.'라는 인식이 잘못되었다는 것이다. 이것은 어린 시절 외삼촌 댁에서 자라는 과정에서 심어진 잘못된 인식이다. 생각 외로 다른 사람의 감정은 우리와 아무런 관계가 없는 경우가 많으며, 다른 사람의 감정을 책임질 필요도 없다.

우리가 이 점을 명확히 인식하고 모든 삶의 영역에서 때마다 일깨워 준다면 인간관계에서 더는 피로감을 느끼지 않을 것이다.

우리가 다른 사람의 평가에 신경을 쓰는 이유는 다른 사람이 자신에게 느끼는 실망감, 그리고 스스로에 대한 실망감을 받아들일 수 없기 때문이다. 그러나 아무리 노력해도 모든 사람을 만족시킬 수는 없다.

우리에게 다른 사람을 실망하게 만들어도 괜찮다는 여유로운 마음만 있으면 굳이 관계 안에서 '인싸'가 되려고 아등바등하지 않아도 되고 다른 사람의 감정 변화에 크게 휘둘리지도 않을 것이다.

사람들 사이에서 피로감을 느끼고 싶지 않다면 감히 다른 사람을 실망시키는 일부터 시작해 보자.

# 죽을 만큼 힘든데
# 웃고 있는 나

## 미소 뒤에 감춰진 우울

2021년, 교육계가 발칵 뒤집히는 사건이 일어났다. 미국의 명문 사립대학교인 에모리대학교<sup>Emory University</sup> 옥스퍼드 칼리지에 다니던 중국인 유학생 A양이 스스로 목숨을 끊은 것이다.

A양은 전형적인 모범생으로 어릴 때부터 성적이 우수하고 토플 점수도 만점에 가까웠다. 선생님과 친구들은 그녀를 항상 밝고 쾌활하며 얼굴에 미소가 떠나지 않는 사람으로 기억했다.

외향적이고 모든 면에서 뛰어난 그녀가 극단적인 선택을 하다니, 모두가 믿기 힘든 일이었다. 사람들은 그녀가 '미소 우울증'을 앓고 있었을지도 모른다고 추측했다.

미소우울증은 비전형성 우울증의 한 형태로, 이 우울증을 겪는 사람들 대부분이 다른 사람들 앞에서는 유쾌하고 심지어 유머 감각까지 갖춘 것처럼 보이지만, 행복하고 낙천적인 가면 뒤에는 낮은 자존감과 심한 경우 절망감으로 가득 차 있다. 친구들 앞에서는 무척이나 행복하고 만족스러운 척하지만, 혼자 있을 때는 늘 불안하고 고통스러워한다.

최근 몇 년간 평소 밝고 긍정적이던 유명인들이 극단적인 선택을 한 뉴스가 심심찮게 나왔다. 미소우울증은 이미 우리 곁에 숨어들어 호시탐탐 우리를 무너뜨릴 기회를 노리고 있다.

평소 습관적으로 "나는 괜찮아."라고 입버릇처럼 말하는 사람들은 주의해야 한다. 의도적으로 숨긴 모든 부정적 감정이 상상이상으로 자신에게 영향을 미칠 수 있다. 처음에는 불면증이나 무기력증 등 단순히 신체적인 불편함을 느끼는 수준이지만 계속 누적되다 보면 결국 절망의 구렁텅이로 내몰린다.

## 괜찮은 척 살아가는 사람들

주위를 둘러보면 누구와도 대화가 척척 통하고 좋은 관계를 유지하는 사람들이 있다. 이들은 직장에서도 잘나가고 연애 전선에도 아무 이상이 없다. 요즘말로 '될놈될('될 사람은 뭘 해도 된다'의 줄임말)'의 표본이 아닐까 싶을 정도로 늘 주위 사람들의 부러움을 받는다. 그들의 얼굴에는 항상 미소가 떠나지 않고 자신의 삶도 잘 유지할 뿐만 아니라, 종종 다른 사람의 질문에 명쾌한 답을 내려 상담가 역할을 자처한다.

하지만 막상 그들과 사적으로 가까워지면 그들도 인간관계의 위기와 감정적 침체기, 경제적 어려움을 겪는 등 우리와 별반 다르지 않게 인생의 여러 고달픈 문제로 씨름하고 있다는 사실을 알게 된다. 그런데도 모든 것을 숨긴 채 '나는 괜찮아, 나는 잘 지내고 있어'라는 허상을 만들어낸 것이다.

어른의 세계에서는 슬픔과 기쁨이 따로 있다고 한다. 자신의 연약함을 드러낼 수도 없고, 성숙함을 보여줄 수도 없으며, 그 대가로 어떤 혜택도 얻을 수 없다.

많은 사람이 어른이 되어가는 과정에서 자신의 취약성과 불안감을 숨기는 법을 배운다. 그럴듯하게 들릴 수도 있지만 자신의 연약함과 불안을 숨긴 채 살아가는 삶이 과연 온전히 나아질 수 있을까? 그리고 진정 성숙해질 수 있을까?

## 어느새 익숙해진 자기 억압

대부분 사람이 겪는 우울증은 실제로 자기 억압self-repression과 관련이 있다. 자기 억압은 감정을 표현하지 않는 것을 뜻한다. 내면에 감정이 일어났을 때 겉으로 아무런 행동이나 표정, 말 등을 표현하지 않고 억제함으로써 지금 느끼는 감정을 철저하게 숨기는 것이다. 이런 사람들은 감정은 물론 생각과 욕망까지도 억압한다. 자기 억압을 선택하는 것은 일반적으로 잠재의식과 깊은 관련이 있다.

한번은 외출하려고 집을 막 나서는데 앞집에서 엉엉 우는 아이 울음소리가 들려왔다. 곧이어 어른이 고함치는 소리가 흘러나왔다.

"너 그렇게 계속 울면 진짜 혼난다! 얘가 맞아야 울음을 그치려나."

엄마가 계속해서 아이를 혼내자 아이의 울음소리는 더욱 커졌다. 이윽고 엄마는 정말로 아이를 때리기 시작했고 아이는 자지러질 듯이 울어댔다. 문 앞에 서 있던 나는 도저히 듣고만 있을 수가 없어서 참지 못하고 초인종을 눌렀다. 아이의 엄마가 방범창 사이로 얼굴만 내밀고는 차갑게 쏘아붙였다.

"무슨 일이시죠?"

나는 최대한 감정을 억누르려 애썼다.

"아이가 너무 오랫동안 울어서요. 어머님도 혼내느라 지치셨을 텐데요. 그만하셔도 되지 않을까요?"

내 말을 듣고 아이의 어머니는 나를 흘겨보더니 '미친놈'이라고 말하고는 문을 쾅 닫아버렸다. 결국 나는 아이의 울음소리를 들으면서 자리를 떠날 수밖에 없었다.

심리상담사로 일하는 동안 수많은 유형의 내담자들을 만났다. 이들은 모두 어렸을 때 운다는 이유로 부모에게 매를 맞은 경험이 있었다. 울 때마다 부모는 울음을 그칠 때까지 더 세게, 더 세게 때렸다. 그렇게 서서히 아이들은 맞을 때 아무 말도 하지 않는 것에 익숙해졌다.


이처럼 성장 과정에서 자기표현이 항상 무시되거나 다른 사람에게 거부당하고 억압을 받으면 점점 '표현' 대신, 자신의 감정을 '억압'하는 방법을 배우게 된다. 항상 다른 사람에게 "나는 괜찮다.", "나는 잘 지낸다."라고 표현하는 사람은 그저 어른으로서 겉으로 드러나는 체면을 유지하려 애쓰는 것일 뿐 내면 깊은 곳에는 해결되지 않은 두려움을 감추고 있다. 그들은 자신의 취약성vulnerability과 불안이 드러날까, 그것이 다른 사람들의 반응을 얻지 못할까 봐 두려워한다.

## 괴로움 표현이 곧 수치심과 연결

자기 억압의 형성이 우리가 태어나기 훨씬 전에 발생했다고 말하는 사람도 있다. 프로이트$^{Sigmund Freud}$의 심리 성적 발달 단계 이론에 따르면, 0~1세를 '구강기$^{oral stage}$'라고 한다. 이때 영아기의 아이는 주로 빨기, 핥기, 물기, 씹기 등의 구강 활동을 통한 자극으로 쾌감을 느끼기 때문에 손에 잡히는 대로 입에 넣는 것을 좋아한다. 이러한 구강 활동을 통해 세상과 소통하는 것이 구강기의 전형적인 특징이다.

구강기 아이는 엄마와의 공생으로부터 제1차 분리(단유斷乳)에 이르는 심리 발달 단계를 경험한다. 이 단계를 잘 거치면 아이의 미래에 독립적인 인격을 형성하고 경계 의식을 확립하는 데 좋은 토대가 된다. 그렇지 않으면 아이가 성장하면서 자기표현에 어려움을 겪거나 착어증錯語症(생각과 다른 말을 하는 실어증의 일종) 등의 행동 특징을 보일 가능성이 있다. 이 단계에서 형성되는 표현 장애를 더 잘 이해하기 위해 다음과 같은 상황을 가정해 볼 수 있다.

태어난 지 얼마 안 된 갓난아이인 당신은 매일같이 집 앞을 지나가는 요란한 기차 소리 때문에 항상 두려움을 느낀다. 당신에게는 두려움을 표현할 다른 방법이 없기에 목놓아 울 수밖에 없다. 그러나 어머니는 당신의 울음소리에도 아랑곳하지 않고 그냥 가끔 톡톡 다독이며 나무라는 투로 달랠 뿐이다. 당신은 어머니의 이런 반응에서 '사랑스럽지 않고', '말을 잘 안 듣는' 자신의 모습을 발견하고 잠재의식 속에서 자신을 탓하며 깊은 수치감을 느낀다. 그러면서 울음으로 자신의 감정을 표현하는 것이 어머니를 공격하는 것이자 불쾌하게 만드는 행동이라고 생각하게 된다.

실제로 당신이 잘못하지 않았음에도 당신은 여전히 무의식적으로 자신의 수치심을 인정하며 자신을 '표현하는 것'이 다른 사람을 '공격하는 것'이라고 인식한다. 이러한 잠재의식은 당신이 성장한 후에도 다른 사람이 경계를 넘어 심리적 약탈을 할 수 있도록 허용하고, 괴롭고 힘들어도 거절하지 못하게 만든다. 자신의 괴로움을 표현한다는 것은 그에 수반되는 수치심을 경험해야 한다는 의미이므로 두려운 것이다.

### 취약함을 드러낼수록 강해진다

'나는 잘 지내고 있어!'라고 가장하는 사람들의 내면을 보면 과도하게 억눌린 부정적 감정이 쌓여 있다. 이는 결국 불안 장애, 우울증, 강박증 등과 같은 훨씬 격렬한 방식으로 표출된다.

많은 사람이 간혹 이 부정적인 감정이 들킬까 노심초사하며 웃음으로 감추고 괜찮은 척하는데, 그럴수록 내면의 두려움은 따라오고, 이는 다른 사람과 진실된 관계를 맺지 못하게 한다.

정말로 더 나은 사람이 되고 싶다면 자신의 감정과 느낌을 과감히 표현하고 자신의 취약함과 불안을 드러낼 줄 알아야 한다. 상담하다 보면 여러 유형의 사례를 접하게 되는데, 그중 습관적으로 자신을 억압했던 한 중년 여성이 지금도 기억에 남는다.

"저와 내담자로 관계를 맺는 순간부터 당신은 자신의 감정을 존중하는 법을 배울 거예요."

내 말에 그녀는 곧바로 반문했다. 그 말에 놀라지 않을 수 없었다.

"내 감정이요? 그게 뭐예요?"

오랜 자기 억압은 자신의 감정을 알아차리는 데 무감각하게 만들었다. 나는 어쩔 수 없이 그녀가 자신의 진실한 내면과 연결되어 진짜 기쁨과 슬픔, 괴로움과 억울함, 불안함 같은 감정 상태를 경험하게 한 후 이것이 그녀의 진짜 감정이라고 알려주었다.


우리는 먼저 자신의 감정을 존중하는 법부터 배워야 한다. 그런 뒤 담대하게 자신을 표현해야 한다. 누구나 궁극적으로 바라

는 바는 자신의 진짜 모습을 다른 사람에게 드러내어 외부 세계
와 더 깊이 관계를 맺고 더욱 의미 있게 살아가는 것이다. 자신
에게 솔직해지는 것은 두려움 없이 자신을 드러내는 데서 비롯
된다. 드러낼수록 두려움이 사라지기 때문이다.

# 한 걸음 더 가까운 관계가
## 되고 싶다면

### 친구가 많아도 없는 것 같다

상담실에 들어온 우민은 나와 멀리 떨어진 소파에 앉았다. 그녀는 고개를 돌려 소파의 쿠션을 집어 들고는 자신의 무릎 위에 놓았다.

내담자의 모든 행동 하나하나가 자신을 나타내므로 심리상담사는 상담에 필요한 정보를 내담자와의 대화에서만 수집하지 않는다. 심지어 그들이 하는 말에 그다지 신빙성이 없어서 오히려 그들의 행동에 주안점을 두고 관찰할 때도 많다.

우민 역시 행동으로 '당신과 가까워지고 싶지 않아요.'라고 말하고 있었다.

나는 그녀와 대인관계에 대한 상담을 진행했다. 그녀는 세 번의 연애를 경험했는데, 번번이 상대방의 이별 통보로 관계가 끝나버리곤 했다. 그녀는 "친구가 많은 것도 같은데, 또 한편으론 한 명도 없는 것 같아요."라고 말했다. 자신은 화목한 가정에서 자랐다고 생각하지만, 고민이 있을 때면 늘 혼자 짊어진 채 부모님과 이야기하기를 꺼린다고 고백했다.

아마도 그녀의 말에서 서로 모순된 메시지를 발견했을 것이다. 우리는 왜 친구가 많은 것 같다가도 또 없다고 느낄까? 왜 화목한 가정에서 자랐다고 생각하면서도 무슨 일이나 고민이 생기면 부모님에게 털어놓지 못하는 걸까?

이런 질문의 답을 구하려면 우민 혼자만의 긴 탐색 과정이 필요하다. 다만 그녀의 자기 탐색 과정을 여기서 전부 보여 줄 수는 없으니 '빨리 감기'로 돌려서 결론부터 들려주겠다.

## 가까운 듯 먼 관계

우민은 누군가와 친밀한 관계를 잘 맺지 못했다. 어려움을 넘어 장애로 느껴질 정도였는데 이유가 무엇일까? 늘 거짓된 방식으로 친밀한 관계를 맺어왔기 때문이다.

진정한 친밀감은 깊고 자유로운 연결이 필요하다. 이 연결 과정에서 서로를 향한 성실함과 솔직함, 신뢰뿐만 아니라 자신의 취약함도 보여 줄 수 있어야 한다. 그래야 '나는 다른 사람을 볼 수 있고 다른 사람도 나를 볼 수 있다'는 진실되고 아름다운 상태에 이를 수 있다. 하지만 우민은 이런 관계를 무척이나 힘들어했다.

그녀가 처음 상담실에 들어왔을 때 '나는 당신과 거리를 두고 싶다'는 마음을 행동으로 보여 준 것처럼 우민은 상대방과 적당한 거리 두기를 좋아했다. 이렇게 일정한 거리를 유지하는 관계는 그녀에게 안정감을 가져다줬다. 그녀의 생활 곳곳에서 이런 태도를 엿볼 수 있었는데, 연애를 할 때도 상대방과 식사를 하고 영화도 보면서 데이트를 즐기지만, 그 이상은 발전하지 않았다. 친한 친구들과 만나도 함께 시끌벅적하게 놀면서 즐거운 시간을 보내지만 마음속 얘기는 나누지 않았다. 평소 부모님을 살뜰히 챙기지만 자신의 인생 계획을 의논한 적은 없다.

이처럼 언뜻 아주 친밀해 보이지만 실제로는 깊은 연결 고리가 없는 관계를 우리는 '무관계$^{irrelationship}$'라고 부른다.

## 무관계가 위험한 이유

친구들과 최근 화제가 되는 연예인 가십으로 열심히 수다를 떨지만, 마음속으로는 지금 현재 자신에게 닥친 현실적 문제로 마음이 불안하다고 상상해 보자. 예를 들어 이번 달 실적을 목표치만큼 달성하지 못하면 지금 다니는 직장을 잃게 될지도 모른다. 하지만 이런 답답하고 불안한 상황을 친구들과 공유하고 싶지 않다. 그저 지금의 당신은 그들에게 잘 지내는 좋은 모습만 보여 주고 싶다. 그렇다면 한번 생각해 보자. 친구들과 헤어진 후 과연 어떤 기분이 들까?

그렇다. 당신은 '나는 잘 지내고 있어'라는 허상으로 자신의 진짜 불안감을 감추고 있으므로 엄청난 피로감을 느낄 것이다. 결국 집으로 돌아와 자신을 마주하면 곤경에 처한 자신을 도와줄 사람이 하나도 없다는 생각에 강한 외로움에 휩싸이고 만다.

무관계가 위험한 이유는 진짜 자신을 보여 주지 못하여 에너지가 고갈되고 다른 사람과 깊이 연결되지 못하여 외로움을 느끼게 만들기 때문이다.

연구에 따르면 불안과 우울증 등과 같은 신체적·정신적 문제의 원인은 다른 사람과 깊은 관계를 맺지 못하는 것과 밀접한 관련이 있다.

우민은 어렸을 때부터 부모님을 포함해 다른 사람과 깊은 관계를 맺은 적이 없다. 그녀의 부모님은 둘 다 교사로, 두 분이 사소한 말다툼조차 한 적이 거의 없을 정도로 집안 분위기가 매우 조용했던 것으로 기억했다. 저녁 식사를 마치면 아버지는 보통 서재로 들어가고 어머니는 거실에서 집안일을 했다. 그녀도 책상에 앉아서 얌전히 숙제를 하곤 했다. 두 분이 다투는 모습을 본 적도 없지만 함께 놀러 가거나 모여서 웃고 떠든 기억도 거의 없었다.

가정은 우리가 태어나면서부터 경험하는 첫 번째 인생 학교다. 이 학교에서 우리는 '사랑'이 무엇인지를 배운다. 우민은 자신의 부모님처럼 조용하고 다소 거리가 있는 관계를 '사랑'이라고 배웠기 때문에 자신과 다른 사람의 관계에서도 이런 방식을 적용한 것이다.

## 어릴 적 부모와의 관계가 미친 영향

우민은 부모님이 자신들의 진짜 감정과 기분을 억누르는 대가로 그렇게 예의 바른 부부관계를 유지해 왔다는 사실을 알지 못했다. 그런 분위기에 오래 노출되고 접하다 보니 자신 역시 자기의 감정과 기분을 표현할 수 없었다. 그런 가정에서는 아무도 자신의 내면에서 느끼는 감정을 신경 쓰지 않을 거라고 생각하기 때문이다.

자라면서 우민은 자신의 감정과 기분을 스스로 가둬버렸다. 그녀는 자신의 고충과 슬픔, 첫사랑에 대한 환상을 조심스럽게 숨겼고, 첫 직장을 가졌을 때의 설렘도 감췄다. 이 모든 것을 다른 사람과 공유하지 않고 혼자서 천천히 맛볼 수 있도록 남겨두었다. 왜냐하면 다른 사람과 공유하는 것이 두렵고, 부모와 다른 유형의 사람이 되는 것이 마치 사랑을 배신하는 것처럼 보일까 봐 두려웠기 때문이다. 그러나 한편으론 잠재의식 속에서 '나눔'을 갈망하며, 자신의 감정을 다른 사람들에게 나타내 보이기를 바랐다.

부모님과 다른 유형의 사람이 되고 싶은 마음, 숨겨둔 자신의 모습을 누군가에게 보여 주고 싶은 마음, 다른 사람과 조화를 이루는 관계를 형성하고 싶은 마음, 진정 친밀한 관계를 맺고 싶은 마음, 이것이 그녀가 갈망하는 것들이었다. 하지만 그녀는 여태껏 자신의 진짜 모습을 숨기는 데 익숙해져 버려 이는 쉽지 않은 일이었다.

다른 사람이 그녀의 '진짜 모습'을 보거나 받아들였을 때 그녀는 마음속으로 큰 불안감과 초조함을 느꼈고, 심지어 '저 사람이 나를 떠나지 않을까? 진짜 내 모습까지 좋아해 줄까?' 하는 의심을 품었다. 이 때문에 다시 '일정한 거리'를 두는 안전한 관계로 돌아가게 된다.

## 진실한 관계를 맺는 두 가지 방법

그녀가 거짓 친밀관계, 즉 무관계에서 벗어나 다른 사람들과 진실하고 깊은 관계를 맺으며 진정한 '사랑'을 받고 싶다면 반드시 해야 할 일이 있다.

### 첫째, 제한적인 신념을 의식적으로 없애야 한다.

우민의 제한적인 신념은 바로 '일정한 거리를 유지하는 관계가 안전하다'라는 것이다. 이는 잘못된 신념이다. 안전한 관계란 거리를 유지하는 관계가 아니라 서로 부딪치며 갈등을 헤쳐나가는 관계라는 사실을 알아야 한다. 거리가 있는 관계는 언제든지 헤어질 수 있지만, 갈등과 시련을 함께 겪은 관계는 훨씬 단단하다. 그녀는 의식적으로 서로 조화를 이루고 깊은 관계를 맺기 위해 노력해야 하며, 자신에게 그런 관계를 맺을 수 있는 능력이 있다고 믿어야 한다.

### 둘째, '비밀 교환'이라는 게임을 해 보자.

거짓 친밀관계에서 진심 어린 친밀관계에 이르는 과정은 점진적이다. 그리고 이 과정에서 우민은 조금씩 '안전'을 경험해야 한다. 다시 말해서 그녀가 자신의 진정한 모습을 보여 주는 과정에서 '안전'을 경험해야 진짜 친밀관계를 쉽게 형성할 수 있다. 친구나 연인과 '비밀 교환' 같은 게임을 통해 진짜 모습을 보여 주고 서로 진심을 나누다 보면 점차 '안전'과 신뢰를 경험하게 될 것이다.

사랑의 여정에는 반드시 대치와 충돌, 시련 등 가슴을 아프게 하는 여러 순간이 있다. 하지만 빛과 꽃, 박수처럼 사람을 감동시키는 순간도 무수히 많다.

기나긴 인생이라는 여정에서 진실한 사랑을 경험하지 못하고 사랑받지 못한다면 너무 안타깝지 않겠는가! 사랑은 인간이 가진 가장 큰 강점이다. 그러니 몸과 마음을 열어 진정으로 누군가를 깊이 사랑하길 바란다. 물론 조금은 아프겠지만 그래도 무감각한 것보다는 낫다.

# '내가 뭘
잘못한 걸까?'

## 억눌린 감정은 언젠가 터져 나온다

주영이 상담실에 들어와서 인사를 건네기도 전에 울음을 터뜨렸다. 그냥 흐느끼는 정도가 아니라 혼자 있는 것처럼 눈을 꼭 감은 채 그야말로 펑펑 울었다.

만약 내가 그녀와 오랫동안 상담해 왔다면 그리 놀라지 않았을 텐데, 처음 만난 날 대성통곡하는 모습을 보니 당황하지 않을 수 없었다.

그녀는 수시로 옆에 있는 휴지를 집어 눈물과 콧물을 닦으며 한참을 울었다. 10분 정도 지나자 울음이 잦아들면서 가벼운 느낌으로 바뀌었다. 그렇게 조금씩 냉정을 되찾아 가는 것 같았다.

"많이 힘드셨나 본데, 구체적으로 얘기해 줄 수 있어요?"

내 질문에 그녀는 또다시 울음을 터뜨렸다. 그런데 이번 에는 길지 않았다. 1분 정도 울고 난 뒤 곧 눈물을 그쳤다.

"제 아픔을 이해해 줄 사람은 선생님밖에 없어요. 아무도 절 이해하지 못해요."

주영이 얼마나 큰일을 겪었길래 이렇게까지 하는지, 가족이 갑자기 사고를 당한 건 아닌지 아니면 남편이 그녀를 두고 바람 이라도 났는지 무척 궁금할 것이다.

사실은 전부 다 아니다. 그녀의 눈물은 지표면 아래에서 끊임 없이 용솟음치던 마그마가 뚫고 나와 화산 폭발을 일으키는 것 처럼, 오랫동안 억눌린 감정이 누적된 결과였다.

## 어느 날 찾아온 무력함이 일상을 삼키다

일상생활에서 주영은 주변 사람들에게 '예스맨'으로 통했다. 회사에서 다른 사람을 기쁘게 해주기 위해 자기 일이 아니어도 도와주고, 자기 잘못이 아니어도 기꺼이 책임을 졌다. 그리고 일상에서 쉽게 나올 수 있는 불평이나 다툼도 억지로 삼키기 일쑤였다.

그러나 각자 자기만의 감정과 의식, 갈망과 욕구가 있어 다른 사람을 기쁘게 하려고 자신의 세계를 억누르면 결국 누구라도 버틸 수 없게 된다. 주영도 마찬가지였다. 그녀는 갈수록 일하기 싫어졌고, 심지어 밖에 나가기도 귀찮아졌다. 정확히 말하면 밖에 나갈 용기와 힘조차 없을 만큼 우울감에 빠져 있었다. 주변의 몇몇 사람에게 이런 무력감을 털어놓기도 했지만 대부분 반응이 비슷했다.

"지금 상태가 별로 안 좋으면 여행이라도 다녀와. 그럼 한결 좋아질 거야."

"그럴 만한 큰일도 없었던 것 같은데, 생각이 너무 많은 거 아니야?"

"정말 웃긴 영화를 추천해 줄게, 보고 나면 기분이 좋아질 거야!"

누구도 그녀의 무력한 기분을 제대로 이해하지 못했다. 상담실에서 "많이 힘드셨나 봐요."라는 내 말에 그녀는 마침내 '이해받고 있다'는 느낌을 받았다.

잘 웃고 친절하고 센스 있고 다른 사람 도와주는 걸 좋아하는 사람이, 제법 많은 사람의 사랑을 받는 사람이 특별히 힘든 일을 겪은 것도 아닌데 대체 우울할 이유가 뭐란 말인가? 심지어 주영 자신도 '내가 좀 오버하는 거 아닌가?' 하는 생각을 했었다.

## 다른 이의 비위를 맞추는 이타적 방어기제

미국의 정신분석학자 제롬 블랙맨Jerome S. Blackman은 저서 『마음의 가면: 101가지 심리적 방어101 Defenses: How the Mind Shields Itself』에서 인간의 101가지 심리적 방어기제를 정리했다.

'심리적 방어기제'는 좌절이나 긴장되는 갈등 상황에 부딪혔을 때 의식적으로 혹은 무의식적으로 문제와 내면의 불안을 해소하여 심신의 균형과 안정을 유지하려는 일종의 심리적 행동 패턴을 말한다. 죄책감이나 불안에서 벗어나 자존감을 보호하기 위한 것으로 여러 가지 방어기제가 있는데, 주로 부정, 억압, 투사, 합리화 등이 있다.

심리적 방어기제가 건강한 사람은 어떤 상황이 잘못되었다는 것을 깨닫거나 다른 사람이 자신을 불편하게 하면 거절하거나 떠나는 것을 선택한다. 하지만 성장 환경 등의 영향으로 건강하지 않은 방어기제를 가진 사람은 다른 사람이 자신에게 불만을 품었다는 것을 알면 상대방이 자신을 좋아하는데 민망해서 표현을 못 하는 것일 뿐이라는 등의 환상을 갖기도 한다.

그간 주영이 '예스맨'으로서 보여 준 모습은 사실 마음속에서 우러나온 진정한 반응이 아니라 무의식중에 나온 방어였다. 우리는 이런 '사사건건 남을 위하는' 방어기제를 '이타적利他的 방어'라고 한다.

주영은 '전쟁'이 난무한 가정에서 자랐다. 어린 시절에 대한 대부분의 기억은 희미해졌지만, 부모님이 다투고 비난하고 심지어 서로 폭력을 행사했던 끔찍한 장면만은 지워지지 않았다. 어렸을 때 그녀가 가장 갈망했던 일은 퇴근하고 돌아온 부모님의 얼굴에서 미소를 보는 것이었다. 이는 그들이 서로 싸우지 않았으며 자신도 두려워하지 않아도 된다는 것을 의미했다.

어린 주영은 부모님이 행복하면 자신도 안전하다고 생각했다. 이 생각은 서서히 그녀의 잠재의식 속에서 하나의 깨달음으로 발전했다.

'다른 사람이 행복하면 나는 상처받지 않는다.'

마찬가지로 그녀는 다른 사람이 불행한 것을 보면 부모님이 다투는 장면이 머릿속을 번쩍 스치고 지나가면서 그 즉시 두려움에 사로잡혔다. 이 때문에 그녀는 다른 사람이 행복하도록 할 수 있는 한 모든 힘을 다할 수밖에 없었다. 그뿐만 아니라 부모님의 장기적인 대립은 실제로 그녀의 자아 정체성에 영향을 크게 미쳤다. 어린 시절 그녀는 '부모님은 나를 사랑하는 걸까? 나

를 사랑한다면 왜 다투는 걸까? 내가 잘못해서 다투는 걸까?'라
는 생각을 하곤 했다.

부모님이 다투는 순간 그녀는 자신이 '사랑받는지', '인정받는
지' 의문이 들었고, 서서히 '내가 잘못한 거야', '나는 환영받지
못하는 존재야'라는 자기인지를 만들어 갔다. 그리고 상처받지
않기 위해, 자신이 사랑받을 만한 가치가 있는 사람이라는 사실
을 증명하기 위해 그녀는 본능적으로 다른 사람의 비위를 맞춰
나갔다.

## 타인의 불행은 나와 상관없다

최대한 상처받지 않기 위해 건강하지 않은 심리적 방어기제가
발동하는 순간이 더러 있다. 그런데 상처받지 않는 것이 좋을 때
도 있지만 자칫하면 이는 성격의 발달을 제한하고 미성숙한 방
식으로 관계를 형성하게 만들어 결국 자신에게 끊임없이 상처를
입힐 수 있다.

주영의 이타적 방어는 자기 억압을 전제로 한다. 자아가 억압
을 받으면 필연적으로 자아 공격을 하게 된다. 자아 공격의 표현
형식은 여러 가지가 있는데, 습관성 자기 부정, 자기비판, 자기
혐오 등으로 나타난다. 심지어 주영처럼 우울증 증상을 보이기

도 한다.

이러한 이타적 방어기제에서 벗어나려면 자신의 신념을 바꿔야 한다. 이는 '다른 사람이 불행하다면, 나도 안전하지 않다' 또는 '다른 사람이 불행하다면, 내가 잘못한 것이다'와 같은 신념을 말한다. 이러한 신념은 신념일 뿐 실제로 발생한 상황이 아니다. 다른 사람의 불행이 나와 무관할 가능성과 이유는 수없이 많기 때문이다. 그러나 우리는 여전히 자신을 탓하며 과거의 그늘 속에 살아간다. 이러한 신념을 바꾸어 현재에 집중하고 모든 상황을 자신의 잘못으로 돌리지 않는 것이 중요하다.

두 개의 '='를 두 개의 '≠'로 바꿔야 한다. '다른 사람이 불행하다 ≠ 나는 안전하지 않다', '다른 사람이 불행하다 ≠ 내가 잘못했다'로 말이다. 우리는 의식적으로 이들의 분리를 연습해야 한다. 다른 사람이 불행한 건 그 사람의 일이지, 나와는 아무런 상관이 없다.


실제로 우리 주변에는 주영과 같은 사람들이 너무나 많다. 그들은 하나같이 다른 사람의 불행을 허용하는 능력이 부족하다. 주변에 누군가가 불행하거나 기분이 좋지 않은 것 같으면 본능적으로 자문한다.

'내가 뭘 잘못한 걸까? 저 사람 기분이 안 좋은 이유가 나 때문

인가?'

　다른 사람의 '불행'은 나와 아무런 관련이 없다. 나는 그저 상대방에게 다가가 "무슨 일 있어? 내가 도울 수 있는 일이 있으면 말해줘."라고 가볍게 한마디만 건네면 된다. 더 이상 '내가 뭘 잘못했길래'라는 자기혐오에 빠져 있을 필요는 없다. 다른 사람의 기분이 어떻든 그 상황을 '자연스럽게' 받아들일 줄 알아야 당신도 진정한 행복을 누릴 수 있다.

# 왜 다른 사람의 기분을
# 우선시할까

## 성장 환경에 따라 감정 반응 패턴이 다르다

어쩌다 내 기분보다 다른 사람의 기분을 맞추는 성격이 되었을까? 이 문제를 이해하려면 먼저 인간이 어떻게 성장하는지부터 알아야 한다. 엄마 배 속에서 나오는 순간으로 돌아가 보자. 갓난아기인 우리가 처음으로 만나는 세상은 미지의 세계 그 자체다. 모든 것이 새롭고 혼란스럽다. 게다가 우리 자신도 무한한 가능성으로 가득 차 있다.

우리 몸에는 작고 신기한 뇌가 있다. 이 뇌는 몸의 지휘 본부와 같은 역할을 한다. 앞으로 우리는 이 뇌와 함께 성장하며, 세상과 상호작용한다. 이 뇌는 구체적인 존재를 이해하도록 도와

주고, 추상적인 의미를 이해하도록 가르쳐 준다. 또한 우리에게 단순한 감정을 경험시켜 인간의 풍부한 정신세계를 이해하게 한다.

그런데 모든 사람의 뇌가 다 똑같을까? 물론 다르다. 전체적인 구조는 크게 다르지 않지만, 미세한 부분에서 확연한 차이가 있다. 어떤 사람은 좌뇌가 더 발달해서 언어 구사 능력이 뛰어난 웅변가가 될 수 있고, 어떤 사람은 우뇌가 더 발달해서 자기만의 색을 가진 독특한 예술가가 될 수 있다.

뇌가 발전하는 모양과 사람마다 미세한 차이가 발생하는 데는 유전적 요인 외에도 성장 과정 등의 후천적 요인의 영향도 무시할 수 없다. 특히 뇌에서 감정과 정서를 다루는 부분은 성장 과정에 지대한 영향을 미친다.

우리는 성장 과정을 단순하게 두 가지로 나눌 수 있다. 하나는 포용적 환경이다. 어려서부터 부모나 다른 양육자로부터 충분한 사랑과 관심, 호응, 지지를 받고 자라서 세상이 핑크빛으로 가득하고 온전한 행복과 기쁨, 여유로움을 느낄 뿐만 아니라 세상이 안전하고 신뢰할 만하다고 느낀다.

또 다른 하나는 파괴적 환경이다. 거부와 미움, 비판, 다툼으로 가득한 환경에서 자라 세상이 온통 먹구름뿐이라 여기고 이유 없이 위축되며 두려움을 느낀다.

서로 다른 환경에서 자라는 동안 뇌는 서로 다른 감정 반응의 패턴을 만든다. 우리가 관계를 형성하는 패턴도 성장하면서 뇌가 경험한 반응과 함께 점차 만들어진다.

## 타인의 기분을 맞춰주는 사람의 특징 6가지

다른 사람의 기분을 맞추는 성격은 파괴적 환경에서 습득한 일종의 인간관계와 감정 반응의 패턴이라고 할 수 있다. 이런 유형의 사람들은 다른 사람의 필요와 이익을 자신보다 우선시하고 상대방의 기분을 맞추는 방식으로 사람이나 세상과 관계를 맺는 데 굉장히 익숙하다. 일반적으로 다음과 같은 특징이 있다.

- 다른 사람의 요구를 잘 거절하지 못한다. 하고 싶지 않거나 자기 뜻에 어긋나더라도 상대방이 원한다면 기꺼이 해 주기로 한다.
- 갈등이 생길까 봐 두려워한다. 갈등이 발생하면 자신의 손해를 감수하면서까지 자동으로 회피한다.
- 성격이 예민하다. 그들은 특히 다른 사람의 감정에 신경을 많이 쓰고 다른 사람의 감정을 파악하는 능력이 뛰어나다.
- 다른 사람에게 폐를 끼칠까 봐 두려워한다. 그래서 자신이 할 수 있는 일은 절대 도움을 구하지 않는다. 도움을 구하면 빚을 진 거나 다름없

다고 생각한다.

• 다른 사람이 자신을 어떻게 평가할지 늘 신경 쓰고, 인정받고 싶어 한다.

• 인간관계에서 주눅이 들어 있어서 진짜 자기 모습을 드러내지 못한다.

## 다른 식의 관계 맺기가 어렵다

여기서 우리가 알아야 할 점은 '다른 사람에게 맞추는 성격'과 '기분을 맞추는 것'에는 큰 차이가 있다는 사실이다.

누구든 사회에서 좋은 구성원으로 성장하려면 대인관계를 피할 수 없다. 대인관계에서 '기분을 맞추는 것'은 어떻게 보면 보편적이고 정상적인 행위다. 예를 들어 명절에 친척과 친구, 동료에게 선물을 보낸다거나 평소 친구들에게 칭찬을 아끼지 않는 등은 모두 '기분을 맞추는' 행동이라고 할 수 있다. 이것은 본질적으로 사회적 기교이다.

'기분을 맞추는 것'과 '다른 사람에게 맞추는 성격'은 고정된 대인관계 패턴이라는 점에서 구별된다. 기분을 맞추려는 유형의 사람들은 그저 다른 사람의 기분을 맞추는 것 외에는 다른 방법으로 관계를 맺지 못한다. 다른 사람과 갈등이 생기면 그와의 '의견 일치'를 유지하고 감정에 신경 쓰느라 결국 자기 생각과 반대되는 선택을 하기도 한다.

또 이들이 다른 사람의 기분을 맞추려는 목적은 오직 그들에게 인정받는 데 그칠 정도로 인격적 유연성이 떨어진다. '기분을 맞추는 것'은 사회적 관계를 맺는 수단으로 우리가 건강한 자아를 가지고 있다는 전제 아래 사용되어야 한다.

자아가 건강할수록 세상과 더욱 조화롭게 관계를 맺을 수 있다. 자신의 위치가 어떤지 개의치 않고, 다른 사람이 자신을 어떻게 평가하고 대하는지도 전혀 신경 쓰지 않을 것이다. 그러면 누군가의 기분을 맞추는 데서 자유로워지고 자기만의 의미도 발견할 수 있다.

## 돌아오는 건 상처뿐이다

다른 사람의 기분을 맞추려는 사람의 동기가 자기계발이 아니라 두려움일 경우, 이는 나쁜 결과를 초래할 수 있다.

### (1) 자신의 에너지 소모가 증가하고 자기계발이 제한된다

이런 유형의 사람은 다른 사람의 평가에 지나치게 신경 쓰기 때문에 자신이 좋아하지 않는 일과 자신에게 중요하지 않은 일에 많은 시간과 에너지를 쏟게 되고, 이로 인해 정말 중요한 일은 나중으로 밀려 자기계발을 저해할 수 있다.

## (2) 대인관계에 취약하고 자기혐오에 빠지기 쉽다

이런 유형의 사람은 마음속으로 '내가 이렇게까지 하는데, 이 정도면 만족해야 하는 거 아니야?'라고 생각한다. 그들은 인간관계에서 자신의 진짜 욕구를 억누르는 데 익숙하므로 다른 사람이 알아채지 못하고 만족하지 못하면 불평과 자기혐오에 빠진다.

영화 〈혐오스런 마츠코의 일생〉은 '다른 사람의 기분에 맞추는 성격'을 보여 주는 전형적인 영화다. 여주인공 마츠코는 일생을 아버지가 원하는 이상적인 딸로 살기 위해 자신을 희화화하고 희생하는 것을 마다하지 않았다. 안타깝게도 그녀는 스스로 사랑받지 못하는 존재라고 확신했고, 성인이 된 후에도 자신을 사랑하지 않는 사람들과 연인이 되어 구타를 당하거나 매춘부가 되어 돈을 벌어오라는 요구를 받아도 반항하지 않았다.

그녀처럼 다른 사람의 기분에 맞추는 유형의 사람들은 그래야 자신이 인정받고 사랑받을 수 있다고 생각하지만 결국 돌아오는 건 상처뿐이다.

60

## 내면의 두려움을 들여다보라

"지난 20~30년 동안 나는 남들의 기대 속에서 살아왔고, 끊임없이 날 인정해 주고 알아봐 주길 바라며 살았어요. 정말 다른 사람의 요구를 만족시키는 데 급급했죠. 그런데 대다수 '다른 사람의 기분을 맞추는 사람'들처럼 그들에게 인정을 갈구하고 비위를 맞출수록 그들은 나를 하찮게 여겼어요. 늘 무시당하기 일쑤라 스스로를 가치 없는 사람이라고 느끼게 됐어요."

중국의 영화감독 장원姜文은 한 인터뷰에서 어릴 때부터 어머니가 돌아가실 때까지 어머니의 사랑을 받으려고 부단히 애썼다고 고백했다. '(잘못된) 어머니와의 관계'는 그의 인생에서 가장 힘든 일이었다.

이런 유형의 사람은 마음속으로 '나답게 살고 싶다'는 강한 열망을 품고 있다. 장원 감독 역시 자기만의 독특한 스타일의 영화를 만드는 것은 어쩌면 진정한 자신이 되고자 열심히 노력한 결과일지 모른다.

그러나 이 유형의 많은 사람은 장원 감독만큼 운이 좋지는 않아서 마음껏 자신을 표현할 방법을 찾기가 어렵다. 결국 '다른 사람의 기분을 맞추는' 소모적인 행위로 인해 자기만의 색을 잃어가고 심지어 신체적·정신적으로 심각한 영향을 받기도 한다.

우리는 여기저기서 '어떻게 다른 사람보다 먼저 내 마음을 돌보는 삶을 살 수 있을까?'라는 주제의 글과 기사를 자주 접할 수 있다. 하나같이 자신의 진실한 감정을 존중하고 인간관계의 경계를 정하고 자신의 생각과 모습을 담대하게 드러내야 한다고 말한다.

솔직히 이러한 방법을 사용하면 실제로 우리가 노력해야 할 방향을 찾은 것처럼 느낄 수 있다. 하지만 내면의 두려움을 직시하지 못한다면 그것은 아주 일시적인 고통만 줄여 줄 뿐 근본적인 문제는 해결해 주지 못한다.

다른 이의 비위를 맞추는 사람의 마음속 깊은 곳에는 '이 세상은 대립과 갈등으로 가득 차 있다'라거나 '다른 사람이 나를 좋아하지 않고 미워한다'라는 두려움이 깔려 있다. 그래서 다른 사람의 마음을 사고 비위를 맞추는 방식으로 '화합'을 이루고 '인정과 사랑이 가득한' 세상을 만들려고 한다.


그러나 세상은 이미 갈등으로 가득 차 있기에 누구도 이 세상의 갈등을 없애기는 어렵다. 갈등을 없앨 수 없다면 내면의 두려움을 떨쳐버리고 갈등을 직면하자. 갈등을 직면하는 것은 파멸을 의미하는 것이 아니라, 바로 상대방과 공존하는 방식이다. 용기를 내어 자신의 환상을 깨트리고 인생의 참혹함을 직시해야만 비로소 자신의 색깔로 살아갈 수 있다.

# 정서적으로 안정된
# 어른인 척은 그만!

## 어느 날 멘탈이 무너졌다

나에게 상담을 받으러 오는 정희는 전형적인 리더라고 할 수 있다. 정희는 전기자동차 회사의 기획팀에서 일하고 있다. 지난 2년 동안 대체에너지 자동차 산업이 급속하게 발전하면서 평소 업무 처리가 빠른 정희도 그 속도를 따라가기 역부족이었다. 그러다 보니 야근이 일상이 되었고 너무 바빠서 식사 시간을 놓칠 때도 허다했다. 과도한 업무는 그녀에게 엄청난 심리적 압박으로 작용했고 극도로 불안하게 만들었다.

부정적인 감정이 그녀를 무너지기 직전까지 몰아넣었지만 정희는 여전히 감정을 자제하고 '정서적 안정'을 유지하려고 애썼다.

회사 창립 기념 행사를 앞두고 보름 동안 야근이 계속됐다. 하루는 늦은 밤까지 기획안을 네 번이나 수정해서 제출했지만 그때마다 상사에게 좋은 소리를 듣지 못하고 거절당했다. 그 순간 여태까지 참아왔던 감정이 폭발하고 말았다.

그녀는 한바탕 크게 울고 나서 상사에게 분노의 메일을 보낸 후 뒤도 돌아보지 않고 집으로 돌아갔다. 집에 돌아와 감정을 추스르고 나니 본인이 한 행동이 떠올랐고 그때부터 후회가 밀려왔다.

그녀는 자신이 심리적 부담을 이겨내는 능력이 강한, 흔히 말하는 '멘탈 갑'이라고 생각했기 때문에 자신의 행동을 전혀 이해할 수 없었다.

그녀의 멘탈이 흔들리고 무너진 것은 우연처럼 보이지만 사실은 그녀가 자신의 진짜 감정을 억눌러서 생긴 당연한 결과였다.

언젠가부터 '매일 정서적으로 안정된 어른이 돼라'는 격언이 사회에 널리 퍼졌다. 나는 이런 현상이 '정서적 안정'을 이루지 못하는 사람이 많다는 사실을 역설한다고 생각한다. 그러나 '정서적 안정'을 연기하는 과정에서 실제로 많은 사람이 '정서적 안정'과 '감정이 없는 상태'를 혼동하여 자신을 정서적으로 억압하는 상태에 빠트린다.

## 우리가 진짜 감정을 억누르는 이유

우리는 다음과 같은 이유로 자신의 진짜 감정을 억누르곤 한다.

먼저 '정서적으로 방치된' 가정에서 자란 아이는 감정을 억누르는 사람으로 자랄 가능성이 크다. 그런 가정은 아이가 잘 먹고 잘 자는 것에만 신경을 쓰고 아이가 행복해하는지 슬퍼하는지 등의 감정엔 전혀 신경 쓰지 않는다. 이렇게 자란 아이는 커가면서 부정적인 감정을 표현하는 방법을 전혀 배우지 못했기에 그저 자신의 감정을 억제할 수밖에 없다.

또한 우리의 사회적 환경은 '정서적 안정'을 더욱 중시하며 이를 개인의 주요 경쟁력이라고 여긴다. 이런 분위기 때문에 누구든 자신의 연약함을 보이는 데 조심스러울 뿐만 아니라 혹여나 자신이 '약자'로 비칠까 노심초사하고, 이로 인해 많은 기회를 놓치지 않을까 두려워한다.

마지막으로 부정과 비판으로 가득 찬 환경에서 자란 사람은 진정한 자아 정체성을 갖기 어려워 진짜 감정 표현을 하는 데 방해를 받는다. 이들은 거짓된 아름다움을 보여 주기 위해 애쓰고, 그럴듯한 '정서적 안정'이라는 가면을 쓰고 내면의 모든 부정적인 감정을 숨긴다.

## 정서적으로 안정되어 있다는 것의 의미

사실 감정은 인간에게 매우 중요한 언어다. 자연스럽게 표현되는 감정은 항상 그 사람의 가장 솔직한 모습을 외부 세계에 보여 주는 수단이다. 엄마 품에 가만히 안겨 있는 갓난아기는 말은 못 해도 웃음과 울음, 다른 미묘한 표정으로 자신에게 필요한 것을 표현하고, 엄마는 아기의 이런 정서적 반응을 통해 그 의미를 파악한다. 이것이 감정적 언어가 가진 커다란 매력이다.

나이가 들면서 우리는 점점 사회화되어 간다. 이 과정에서 자신의 감정적 언어를 잊어버리거나 자기도 모르게 그 존재를 무시하고 심지어 억누르기까지 한다. 그렇게 되면 자기 자신을 이해하는 채널을 잃게 될 뿐만 아니라 부정적인 영향으로 인해 갑작스러운 멘탈 붕괴를 겪을 수 있다. 결국 일상이나 직장 생활에 문제가 생기고, 신경쇠약으로 무기력 증상, 불면증, 불안, 우울

등의 정신질환을 앓을 수 있다.

우리가 '정서적으로 안정적이다'라고 말하는 것은 그 사람의 감정이 없다는 것을 의미하는 것이 아니다. 이 말은 즉, 강인한 정신력을 가지고 있어서 어떠한 고난이나 스트레스에도 자신의 상황을 객관적으로 바라보고 적절한 감정적 반응을 보일 수 있다는 의미다.

## 스트레스 상황에서 정서적으로 안정된 사람은 어떻게 대처할까

정서적으로 안정된 사람이 앞의 사례에서 정희의 업무를 한다면 어떻게 스트레스에 대처하고 처리할까? 계속되는 과도한 업무로 정희는 금방이라도 쓰러질 것처럼 피곤해했지만 아무에게도 하소연하지 않고 '나는 할 수 있다. 다른 사람이 얕보지 못하도록 해야 해!'라고 스스로 다그쳤다. 긍정적인 자기 격려처럼 보이지만 실상은 자신의 감정을 무시하는 행동이었다.

반면, 정서적으로 안정된 사람은 먼저 자신이 '감당할 수 없다'는 것을 인정하고 상사를 찾아가 업무를 조율하거나 동료에게 도움을 구하는 등 다른 방법을 찾아서 주변의 지지를 얻어 자신의 심리적 에너지가 소모되는 것을 피했을 것이다.

정희는 기획안이 계속해서 거부당하자 엄청난 정신적 충격이 왔다.

도대체 그녀의 상사는 왜 그랬을까? 자신의 요구와 지시대로 수정했기 때문에 분명히 자신의 의견이 완벽하게 반영되었을 텐데, 왜 여전히 만족하지 못한 것일까? 그 순간 정희의 마음속에 있던 모든 억울함과 원망, 분노가 한꺼번에 터져 나와서 결국 비합리적인 행동을 하고 말았다.

정서적으로 안정된 사람은 먼저 자신이 한 일과 이에 대한 노력을 객관적으로 평가한다. 자신은 일을 정말 잘했다고 생각하는데 여전히 상사에게 거부를 당한다면 상사의 인정과 도움을 얻기 위해 자기 생각을 적극적으로 표현할 것이다.

그렇다면 진정한 정서적 안정은 어떻게 얻을 수 있을까?

먼저 부정적인 감정의 존재를 인식하고 인정한 다음 그것을 적절하게 대처하는 방법을 배워야 한다.


### 진정한 자신을 찾는 법

"머리로는 알겠는데, 막상 하려니 못 하겠어요."

지금까지 심리상담을 하면서 내담자들에게 가장 많이 들은 말이다.

어떻게 해야 진정한 '정서적 안정'을 이룰 수 있을까? 먼저 두 가지 기본 상식을 이해해야 한다.

**첫째, 거의 모든 부정적인 감정은 내면의 두려움과 연약함에서 비롯된다.**

이 세상에는 우리를 두렵게 하는 것들이 너무나도 많다. 예컨대 다른 사람에게 미움받을지도 모른다는 두려움, 다른 사람이 나보다 낫다는 두려움, 다른 사람에게 인정받지 못할지 모른다는 두려움 등이다. 그런 두려움 때문에 우리는 진짜 모습을 숨겨 자신을 보호한다. 다른 사람이 우리 내면의 두려움과 연약함을 건드리면 즉각적인 분노나 불안과 같은 부정적인 감정으로 반응한다.

'나를 좋아하지 않는 사람이 있다.', '나보다 우수한 사람이 있다.', '나를 인정하지 않는 사람이 있다.'라는 사실을 인정해 보자. 이런 사실을 인정할수록 우리 안의 두려움과 연약함은 자연히 줄어들 것이다.

**둘째, 우리가 알고 있는 자신이 '진정한 자신'은 아니다.**

항상 부정적인 감정에 사로잡히는 사람은 늘 '나는 너무 평범해서 사람들이 나를 좋아할 리 없어.', '이 일은 너무 어려워서 절대 못 할 거야.', '이 정도는 돼야 사랑받을 수 있어.'와 같이 자신을 제한하는 신념을 너무 많이 설정해 둔다.

모든 제한적인 신념은 우리 내면의 진정한 갈망을 대변한다는 사실을 알아야 한다. 자신을 제한하는 수많은 신념엔 근거가 없다. 과거 어느 시점에서 누군가가 우리에게 한 말일 수도 있고 우리가 자신에게 최면을 건 것일 수도 있다. 어쨌든 이런 제한적인 신념을 깨뜨리지 않고는 진정한 자신을 찾을 수 없다.

## 내가 아는 내가 '진정한 자신'은 아니다

이러한 제한적인 신념을 바꿔보도록 하자. 예를 들어 '내가 평범하긴 하지만 나를 좋아할 수도 있어.', '이 일이 어렵긴 하지만 열심히 노력하면 충분히 할 수 있어.', '그 정도로 뛰어나지 않아도 사랑받을 수 있어.'라고 사고의 방향을 바꾸면 세상이 다르게 보일 것이다.

우리가 알고 있는 내가 '진정한 자신'이 아니라는 사실을 깨달을 때 비로소 내면의 진실한 갈망을 좇을 수 있는 용기를 낼 수 있다.

자신의 두려움을 인정함으로써 막연한 두려움을 줄이고, 오히려 이 두려움을 자신의 갈망으로 충족시켜 진정한 자아 정체성을 회복해 보자. 자아 정체성을 회복한 사람만이 정서적으로 안정감을 느낄 수 있을 테니 말이다.

# 내향적인 사람이
# 장점을 발휘하는 방법

## 기질은 바꿀 수 없을까

부모의 눈에 이단은 조금은 '특별한' 아이였다. 그의 특별함은 일상에서도 자주 발견됐는데, 이단이 일곱 살 때, 세 살 동생이 자신을 괴롭히는데도 어떻게 반격해야 할지 몰라서 가만히 당하고만 있었다. 부모는 아들의 전투력을 끌어올려야겠다는 생각에 운동장으로 데려가 훈련을 시켰다. 하지만 이단은 빨리 집에 가서 조용히 쉬고 싶어 했다. 이단은 매우 똑똑했지만 공부보다는 자신이 좋아하는 자동차 모형 만들기에 더 많은 시간과 에너지를 쏟았다. 주변에 좋은 친구가 있어도 놀이나 행사에 참여하는 것을 싫어했다.

부모는 이단의 모든 행동이 잘 이해가 되지 않아 아들이 우울증에 걸렸다고 생각했다. 부모는 아들이 좀 더 사교적이길 원했기에 여러 곳을 다니며 치료를 받았다. 하지만 그때마다 의사는 이단에게 아무런 문제 없이 건강하고 단지 성격이 내향적일 뿐이라고 했다.

그러나 이단의 부모는 걱정스러운 나머지 쉽게 마음을 놓지 못하고 아들의 치료를 위해 계속해서 병원을 찾아다녔다.

미국의 유명 작가 수전 케인Susan Cain의 『콰이어트』에 소개된 소년 이단Ethan의 이야기다. 이 책을 읽고 난 후 한참 동안 이 이야기는 내 머릿속에서 떠나지 않았다.

나는 한 번도 자식을 향한 부모의 사랑을 의심해 본 적이 없다. 이단의 부모님 역시 아들을 사랑하는 마음 때문에 적극적으로 치료에 매달리고 오랜 시간 공을 들이지 않았을까? 물론 아들이 앞으로 사회에 적응하지 못할까 봐 걱정스럽기도 했을 것이다.

하지만 장담하건대 이단의 기질을 바꾸는 일은 절대 불가능하다. 앞서 나온 이단 부모의 이러한 대처는 오히려 아이의 자아 인식을 파괴할 수 있고 결국 멀쩡한 아이를 치료하는 꼴이 되어 버리고 만다.

## 내향적인 사람에게 불공평한 세상

어떻게 보면 우리가 사는 세상은 내향적인 사람들에게 항상 불공평한 것 같다. 내 친구는 내향적인 사람이다. 그녀는 외국계 기업의 영업관리직 채용에 지원하여 우수한 성적으로 필기시험을 통과했지만, 면접을 보다가 '모집 직군과 성격이 맞지 않는다'는 면접관의 말 한마디에 탈락하고 말았다. 실제로 그녀와 같은 내향적인 사람은 성공적으로 취업을 하더라도 '무리와 어울리지 못한다'는 이유로 승진과 연봉 인상에서 불이익을 받는 경우가 많다.

내향적인 사람이라면 누구나 부정적인 사회적 평가에 직면한다. 이것이 첫 번째 압박이다. 『콰이어트』에서 나온 데이터에 따르면 인구 중 3분의 1이 내향형이라고 한다. 다시 말해 이 세상에서 외향적인 사람들의 비중이 훨씬 더 크다는 의미다.

내향적인 사람이 '소수자 집단minority'이 되면 자신에 대한 외부의 정의를 받아들일 수밖에 없다. 외향적인 사람보다 내향적인 사람은 '무리에 잘 어울리지 못한다.', '독특하다.', '친구가 없다.', 심지어 '심리 상태가 정상이 아닌 것 같다.' 등과 같은 평가를 많이 받는다. 이러한 부정적 꼬리표는 내향적인 사람들을 괴롭히고 그들에게 큰 압박을 가하는 동시에 자기계발을 이룰 많은 기회를 놓치게 한다.

　사회의 부정적 평가에 따라 내향적인 사람의 자아 정체성도 흔들릴 수 있다. 그들은 자신에게 정말 문제가 있다고 생각하고 내향적인 성격이 자신의 성격적 결함이라고 여긴다. 이런 이유로 그들은 외향적인 사람을 부러워하고 자신에게 자기계발의 기회가 없는 것이 정상이라고 생각한다. 심지어 '내향성'이 자신의 치명적 약점이라고 여긴다.

### 조용하면서 강한 내향적인 사람

　1975년 3월 5일, 차가운 비가 추적추적 내리던 밤, 미국 캘리포니아주의 멘로 파크Menlo Park에 있는 차고에서 고든 프렌치Gordon French를 주축으로 컴퓨터를 좋아하는 32명이 모여 처음으로 홈브루 컴퓨터 클럽Homebrew Computer Club을 시작했다. 그 당시 컴퓨터는 접속이 불안정하고 크기도 어마어마해서 대학이나 기업에서나 구입할 수 있었다. 그래서 가정마다 컴퓨터를 보급해야 한다는 그들의 생각이 현실로 이루어지는 것은 결코 쉬운 일이 아니었다.

　그때 HP사에 다니는 24세의 컴퓨터 디자이너가 차고로 들어

왔다. 그는 자리를 찾아 앉아서 컴퓨터에 관한 최신 소식을 가만히 듣고만 있었다. 세 살 때부터 전자기기에 푹 빠져 살던 그는 열한 살 때 가정에서 사용할 수 있는 작고 편리한 컴퓨터를 만들고 싶다는 꿈을 품었다. 그는 모임에 참여하게 돼서 매우 기쁘고 흥분됐지만 너무 숫기가 없어서 누구에게도 말을 걸거나 하지는 않았다.

3개월 뒤 그는 도화지에 자신의 설계도를 그렸고, 10개월 뒤 스티브 잡스Steve Jobs와 함께 위대한 애플을 공동 창업했다. 그가 바로 우리에게 잘 알려진 스티브 워즈니악Steve Wozniak이다.


캘리포니아대학교 버클리UC Berkeley에서 창의력의 본질에 관한 연구를 진행한 적이 있다. 당시 연구진은 건축학자와 수학자, 엔지니어, 과학자, 작가 등 각 분야에서 뛰어난 엘리트들의 목록을 만들었다.

연구진은 이들을 버클리로 초대하여 성격 테스트를 진행했다. 그런 다음 이들보다 업적은 뛰어나진 않지만 동일한 분야에 있는 사람들을 찾아 똑같은 테스트를 진행했다. 테스트 결과, 창의력이 높은 사람들은 사회적으로 내향적인 성향을 보이는 편이며 사회적 능력이 있지만, 충분히 사회화되거나 사회적 활동에 참여하려는 열망은 약한 것으로 나타났다.

스티브 워즈니악은 그의 회고록에서 원대한 창의력을 성취하고 싶은 어린이들을 위해 조언을 아끼지 않았다.

"계속 혼자서 뭐든 해 보세요. 위원회나 그룹 안에 머물러 있지 말고 혼자 해 보면 혁신적인 제품과 기술을 설계하고 개발할 가능성이 훨씬 커져요."

실제로 워즈니악뿐만 아니라 페이스북Facebook의 창업자 마크 저커버그Mark Zuckerberg와 마이크로소프트MS 창업자 빌 게이츠Bill Gates, 투자의 대가 워런 버핏Warren Buffett도 공개석상에서 내향적인 성격이어서 사교적 활동보다 혼자 생각하거나 독서를 하면서 시간을 보내는 것을 선호한다고 했다.

버클리에서 진행한 연구와 우리가 사는 현실 모두 내향적인 사람은 쓸모없는 사람이 아니라는 것을 보여 준다. 오히려 내향적인 사람이 자신의 성격적 장점을 최대한 발휘한다면 더 눈부신 성과를 낼 수 있을지도 모른다.

### 시끄러운 세상에서 내향적인 사람이 사는 법

비록 많은 연구 결과와 데이터가 내향적인 사람에게 불안해할 필요가 없다고 말하지만 실제로 대부분의 내향적인 사람들은 여전히 다양한 오해와 압박을 감당해야 한다.

그렇다면 내향적인 사람은 어떻게 자신의 이런 성격적 장점을 제대로 발휘하고 환경에 잘 적응할 수 있을까? 또 어떻게 자신의 발전에 걸림돌이 되지 않을 수 있을까?

### (1) 성격을 바꾸려고 하지 마라

매사추세츠 종합병원 내 마르티노스 생체영상센터의 정신병리학 연구소 소장인 칼 슈워츠<sup>Karl Schwartz</sup>는 '못난 성격을 바꿀수 있을까'에 관해 연구했다. 그는 "우리는 성격을 개조할 수 있지만, 그것도 어느 정도까지다. 타고난 기질은, 우리가 어떻게살았든 간에 우리에게 영향을 미친다. '우리'라는 존재의 상당부분은 유전자, 두뇌, 신경계에 따라 정해진다."라고 말했다.

수전 케인은 이를 '고무줄 이론'으로 설명한다. 탄성이 강한고무줄을 얼마든지 늘일 수 있지만 분명 한계는 존재한다는 것이다.

칼 슈워츠는 실험을 통해 내향적인 사람은 대뇌 피질과 편도체가 외부 정보에 더 민감해서 스트레스가 높은 그룹에 속하기때문에 내향적이라는 사실을 발견했다. 그래서 내향적인 사람은주변에 사람이 몰리면 더 피곤함을 느끼는 것이다. 비록 우리의내향적인 성격은 생물학적 영향을 받지만, 그 사람의 자유의지도 무시할 수는 없다.

실험에 따르면 내향적인 사람은 특정한 목적이나 필요에 따라 외향적인 사람의 일부 기술을 학습을 통해 완전히 습득해 환경에 더 잘 융화될 수 있다고 한다. 그러나 빌 게이츠가 아무리 사교 기술을 갈고닦는다고 해도 빌 클린턴이 될 수는 없고, 빌 클린턴이 혼자 컴퓨터를 아무리 많이 한다고 해도 빌 게이츠가 될 수는 없다. 그러므로 우리는 성격을 바꿀 수도 없고 바꿀 필요도 없다.

### (2) 성격에 맞는 직업을 선택해라

우리는 자신의 성격에 맞는 직업이나 역할, 환경에서 더 나은 발전을 이룰 수 있다. 『콰이어트』를 보면 내향적인 사람이 더 창의적이고, 혼자 작업하고 깊이 사고하는 데 익숙하며, 오래 기억하는 것을 잘한다. 인간관계에서는 일대일 교제를 더 선호하고 심도 있는 아이디어를 주고받는 것을 좋아한다는 사실을 알 수 있다.

내향적인 사람이 가진 이러한 특징은 고도의 집중력이 필요한 글쓰기와 디자인, 편집 작업이나 깊은 관계가 바탕이 되는 상담 등의 분야에 유리하다. 이들의 장점이 해당 업무에 필요한 역량과 일치할 때 훨씬 쉽게 눈에 보이는 성과를 낼 수 있다.

물론 강연이나 판매와 같은 직업이 내향적인 사람에게 적합하지 않다는 것은 아니다. 그들이 자신의 장점을 발휘할 줄 알고 다른 방식으로 일을 해나간다면, 이 역시도 충분히 잘 해낼 것이다. 강연 전에 원고를 꼼꼼히 준비하면 실전에서 긴장을 덜 할 수 있고, 상품을 판매할 때 고객을 진심으로 대한다면 업무가 훨씬 수월해질 것이다.

### (3) 자신의 성격을 온전히 느끼고 자신의 가치를 인정하라

내향적인 사람은 진심으로 자신의 성격을 있는 그대로 인정해야만 세상이 붙인 부정적 꼬리표를 대담하게 떼어버릴 수 있다. 또한 더 이상 다른 사람에게 자신을 증명하지 않고 당당하게 자신의 요구를 표현할 수 있다. 그뿐만 아니라 자신의 이익을 추구하고 진정한 나로 거듭나 그야말로 찬란한 인생을 살 수 있다.

지금까지 얼마나 많은 내향적인 사람들이 이 세상에 수많은 귀중한 재산을 남겨 주었는가. 반 고흐Vincent van Gogh의 그림과 엘리엇Thomas Stearns Eliot의 시, 베토벤Ludwig van Beethoven의 음악, 그리고 아인슈타인Albert Einstein의 물리학 이론까지…. 이래도 내향적인 성격이 가치가 없다고 생각하는가?

내현적 자기애자를 온화하고 겸손하며 내향적이라고 묘사하지만,
그들과 가까워질수록 그들이 얼마나 자기중심적인지 알게 된다.
그들은 자신이 매우 대단한 사람이라고 생각하면서도, 다른 한편으로는
예민하고 열등하다고 느낀다. 이것이 바로 그들이 가진 모순이다.

# PART 2

# 내적 치유

마음의 상처는 어떻게 돌봐야 할까요

정서적으로 독립할 때 우리는 자신만의 정체성을 갖게 된다. 그리고 이 시점에서 원가족과 마주하면서 '심리적 면역력'을 키우게 된다. 이제 원 가족의 속박에서 벗어난 상태이니 더는 도망갈 필요가 없다.

# 사회적 불안 장애는
# 어디서 시작될까

## 사회적 불안에 시달리는 사람들

자칭 '외로움 덕후'인 상호는 극심한 사회적 불안 장애 때문에 지금까지 제대로 된 연애를 해 보기는커녕 주변 친구들과 건강한 우정도 쌓을 수 없었다. 동료들끼리 갖는 사적인 모임도 모두 거절했고 평소 마음에 두었던 여성이 보이면 가던 길을 멈추고 일부러 돌아서 갔다.

그는 누군가와 마주할 생각만 해도 자기도 모르게 긴장되고, 심할 때는 손바닥이 젖을 정도로 땀이 났는데, 그 이유를 잘 모르겠다고 했다.

지금도 상호처럼 오랫동안 사회적 불안에 시달리는 사람들이 너무 많다. 일반적으로 그들은 다른 사람과 교제할 때 부끄러움을 많이 타서 상대방의 눈을 똑바로 바라보지 못한다거나 상대방과의 거리가 가까우면 지나치게 긴장하고 불안을 느끼기도 하는 등 몇 가지 공통점이 있다. 또 표현이 서툴러서 무리 안에 있을 때는 침묵하거나 사람이 많은 자리에서 종종 도망치고 싶은 충동을 느낀다.

### 사회적 불안 장애가 생기는 원인

사회적 불안 장애가 발생하는 데는 많은 요인이 작용한다. 일부 유전적 요인으로 인해 사회적 불안 장애가 생기기도 한다.

연구에 따르면, 가족 중 사회적 불안 장애를 겪은 사람이 있으면 다른 가족 구성원에게도 이와 동일한 불안 증세가 나타날 확률이 비교적 높은 편임을 알 수 있다.

또 사회적 불안 장애는 뇌 구조에 따라 결정되기도 한다. 우리의 뇌에는 불안과 공포 등 감정과 관련된 정보를 처리하는 데 중요한 역할을 하는 '편도체amygdala'라는 기관이 있다. 편도체 기능이 지나치게 활성화된 사람은 남들보다 더 민감해하고 사회적 불안 장애에 노출되기도 쉽다. 또한 후천적인 성장 환경과 경험으로 인해 사회적 불안 장애를 느낄 때도 있다. 통제형 부모 밑에서 자랐거나 비난과 거절, 조롱에 익숙한 아이들, 따돌림을 경험한 아이들에게 사회적 불안 장애가 나타날 가능성이 크다.

## 어린 시절이 들려주는 것들

상담실에 앉아 있는 상호는 힘들어 보였지만 그래도 기대에 찬 표정으로 자신의 사회적 불안 장애가 어떻게 생겨난 것인지 물었다.

나는 차마 '당신 머릿속에 있는 편도체가 다른 사람과 다른지 좀 봅시다'라고 말할 수는 없었기에 그가 어떤 사람인지 말해 달라고 했다.

"당신에 관해 이야기해 볼래요?"

너무 뻔한 질문이라 상호의 기대감이 전부 사그라졌을지도 모르겠다. 그리고 개중에는 심리상담사는 꼭 어린 시절 이야기를 들려달라고 하는 것 외에는 할 수 있는 게 없다며 의심하는 사람들도 있을 것이다. 물론 어린 시절에 관해 이야기하는 것이 심리상담사의 유일한 능력은 아니지만 어린 시절에는 우리도 미처 몰랐던 많은 이야기가 담겨 있으며, 바로 이러한 이야기가 우리의 굴곡진 삶을 이해하는 데 중요한 복선으로 작용하기도 한다.

상호는 자신의 어린 시절을 이야기하면서 특히 기억에 남는 사건이 있다고 했다.

초등학교 저학년 때, 노는 데 정신이 팔려서 숙제를 제시간에 끝내지 못했다. 그 사실을 알게 된 어머니는 빗자루로 그를 심하게 때렸고 벌거벗은 채로 문밖 골목에 서 있게 했다.

곰곰이 생각해 보면 어머니에게 혼이 나거나 벌을 받았던 기억은 정말 많았지만, 이 사건은 조금 더 충격적으로 다가왔다. 공공장소에서 그것도 벌거벗은 채로 서 있었던 기억은 지금 떠올려도 악몽 같은 시간이었다.

이 사건만 보고도 우리는 매우 엄격한 어머니의 이미지를 떠올릴 수 있으리라고 생각한다. 엄격한 훈육 방식이라고 해서 아이의 성장에 반드시 나쁜 영향만 미쳤을 것이라 볼 수는 없다. 하지만 문제는 어머니가 그에게 보여 준 엄격함은 어디까지나 겉으로 드러난 것일 뿐, 그 안에는 심각한 인격장애가 숨어 있다는 점이다.

## 부모의 상처가 대물림된다

상호의 어머니는 힘든 가정에서 자랐다. 어린 나이에 부모의 이혼을 경험한 그녀는 고모 댁에 수양딸로 들어가 고모를 어머니, 친아버지를 삼촌이라고 불러야 했다. 남의 손에 길러진 아이는 일찍부터 마음에 깊은 상처가 남아 정체성 확립에 어려움을 겪었다. 설상가상으로 상호 어머니는 아버지로부터 공부를 잘하지 못한다는 이유로 '쓸모없는 인간'이라고 조롱을 당하거나 미움을 받았다. 이 모든 불행한 경험은 결국 상호 어머니의 마음속 깊은 곳에 자신에 대한 강한 혐오감을 뿌리내리게 했다.

자기혐오로 가득 찬 사람은 자신도 모르게 이 혐오감을 외부화하는데, 이때 그 화살은 주로 자신의 자녀를 향한다. 그리고 자녀 역시 무의식적으로 이런 혐오감을 인식하게 된다. 상호가 어머니의 혐오감을 감지했을 때 그는 자신이 '모든 사람에게 미움받는 사람'이라고 평가했다.

상호는 어린 시절 자신을 어떻게 평가했는지 잘 알지 못했다. 다만 골목에서 벌을 설 때 느꼈던 수치심과 점점 표현하기 싫어하고 친구들과 놀기 귀찮아하는 내향적인 자신만 기억할 뿐이었다.

사회적 불안 장애는 모든 사람의 마음속에 자기 마음에 들지 않는 작은 아이를 숨기게 한다. 어쩌면 어린 시절 그들의 인생에서 매우 중요한 사람이 마음속에 '혐오'라는 글씨를 직접 새겨놓은 것일지도 모르겠다. 물론 나는 상호의 어머니가 일부러 그에게 상처를 주려고 한 건 아닐 거라고 믿는다. 그녀 역시 아버지의 미움을 받으며 자라왔기 때문에 자신이 아이의 마음을 다치게 했다는 사실조차 깨닫지 못했을 수도 있다.

그녀는 '사랑'에 대해 이렇게 이해했다.

"사랑이 뭔가요? 사랑은 냉혹한 비판 아닌가요?"

우리는 상호의 어머니를 비난할 수 없다. 다만 그녀가 운명에서 벗어나지 못한 채 계속되는 비극의 사슬에 매여 있다는 사실이 안타까울 뿐이다.


## 현실을 피하려고 할수록 더 초조해진다

우리는 각자 자신에게 긍정적이고 아름다운 기대감을 품고 있다. 아무리 열악한 환경에서 성장했더라도 이러한 기대는 마음속에서 절대 사라지지 않는다.

상호는 무의식적으로 자신을 미워했지만 동시에 그의 내면에는 밝고 외향적이며 모든 면에서 뛰어나고 누구든 자랑스러워할 만한 또 하나의 이상적인 자아가 존재했다.


자신을 이상화理想化하는 것 역시 하나의 방어기제다. 살면서 자기혐오에 익숙해진 사람이 현실적인 여러 사회적 관계에 갇히면 스스로 어려움을 극복하기 위해 내면에서 지원 가능한 힘을 찾으려고 노력하게 된다.


상호에게는 하소연할 가족도, 친구도 없었기 때문에 오로지 자신으로부터 힘을 찾을 수밖에 없었고, 그렇게 이상화된 자아가 나타나게 됐다. 그는 자신이 충분히 이상적인 자아가 될 수 있다고 생각했고, 그렇게 하지 않는 이유는 못 해서가 아니라 하고 싶지 않아서였을 뿐이라고 여겼다. 이렇게 완벽하게 굳어진 이상화된 자아는 그의 잠재의식 속에 자리한 자기혐오로 인한 좌절감과 잠시나마 균형을 이룬다.

하지만 이상은 결코 현실을 이길 수 없다. 실제 사람들과 교제를 하다 보면 그의 내면에 존재하는 이상적인 자아는 순식간에 산산이 부서지고 말았다. 결국 자신을 구하기 위해 그의 무의식은 '역시 나는 혼자 있는 게 좋아!'라고 끊임없이 되뇐다. 이럴 경우 결과는 어떻게 될까? 그가 피하려고 할수록 마음은 더 초조해질 것이다.

## 자신을 받아들이는 순간 변화가 시작된다

상호와 같은 사람이 진정으로 사회적 불안 장애에서 벗어나려면 가장 먼저 해야 할 일은 무엇일까? 바로 자신을 받아들이는 일이다.

'비겁하고, 인기 없고, 사랑받을 자격이 없는' 등 스스로에게 부여한 정의, 스스로에게 부여한 라벨을 받아들이는 것이다. 현재의 자신을 인정하고 받아들여야 변화할 용기를 가질 수 있다.

우리의 진정한 자아는 고정되어 있지 않다. 끊임없이 변화한다. 지금의 나는 누군가를 칭찬하거나 누군가를 찾아가서 속마음을 털어놓고, 적극적으로 모임에 참여하려고 노력하는 등 매일 소소한 노력만 기울이면 된다. 그렇게 한 걸음씩 끊임없이 시도하다 보면 마침내 자신이 원하는 모습이 될 수 있다.

심리상담사로서 나는 항상 인간은 스스로 변화할 힘을 가지고 있다고 믿는다. 우리가 진심으로 변화를 갈망한다면, 원가족의 저주를 깨고 이상적인 자아와 함께 축배를 드는 날이 반드시 올 것이다.

# 인간관계가 어려운 데는
# 이유가 있다

## 잘 어울리지 못하는 사람들

우리 주변에는 조용하고 겸손해서 아무에게도 해를 끼치지 않을 것 같지만 왠지 모르게 가까이 다가가기 어려운 사람들이 있다. 이런 사람들과 함께 지내다 보면 그들과 자신 사이에 알 수 없는 벽이 있음을 느낄 수 있다.

선영이 그런 사람이었는데, 그녀는 '왜 나는 다른 사람과 잘 어울리지 못할까?'라고 자신에게 물으며 자기 분석에 들어갔다.

그녀는 자신이 착하고 겸손하며 포용력이 있고 하느님처

럼 자비로워서 결코 다른 사람에게 해를 끼치지 않는 사람
이라고 생각했다. 그런데 이렇게 '좋은 사람'이 왜 다른 사람
과 어울리는 데 어려움을 느끼는 걸까?

선영의 최근 직장 경력을 살펴보면, 회사에 적응하지 못
하고 동료들과 어울리지 못해 직장을 여섯 번이나 옮긴 사
실을 알 수 있었다. 그녀는 지금까지 회사에 다니면서 단 한
번의 예외 없이 '잘 어울리지 못하는' 사람이었다면 그것은
자신에게 문제가 있는 것으로 생각했다.

도대체 그녀에게 무슨 문제가 있는 것일까? 스스로 착하고 겸
손하고 포용적이라고 생각하는 사람이 정상적인 인간관계를 맺
지 못하는 것은 모순이라고 할 수 있지만 사실이다.

실제로 이러한 모순의 근원은 바로 그들의 착하고 겸손하며
포용적인 모습은 단지 겉모습일 뿐, 그 이면에는 교만과 자기애
가 숨어 있다는 데 있다. 자기애가 강한 사람은 주변 환경에 적
응하는 데 어려움이 있게 마련이다.

## 엇나간 혹은 과도한 자기애

자기애가 강한 사람의 특징은 무엇일까? '자기애'라고 하면 자신만만하고 자화자찬하고 심지어 다른 사람을 아예 신경 쓰지 않는 것으로 생각한다. 확실히 이것만 봐도 우리는 자기애라고 하면 극단적이고 열광적인 이미지를 떠올리기 쉽다.

그러나 자기애성 성격<sup>narcissistic personality</sup>에도 내현적 자기애 <sup>covert narcissism</sup>(자기애를 외부로 표출하지 않는다. 반대로 거만한 태도나 주위 사람들을 무시하는 행동을 보이는 외현적 자기애도 있다)라는 종속적 형태<sup>subform</sup>가 있다. '수치 자기' 혹은 '취약 자기'라고도 한다. 앞서 등장했던 선영은 바로 '내현적 자기애'자라고 할 수 있다.


일반적으로 내현적 자기애자를 온화하고 겸손하며 내향적이라고 묘사하지만, 그들과 가까워질수록 그들이 얼마나 자기중심적인지 알게 된다. 그들은 자신이 매우 대단한 사람이라고 생각하면서도, 다른 한편으로는 예민하고 열등하다고 느낀다. 이것이 바로 그들이 가진 모순이다.


내현적 자기애자는 일반적으로 다음과 같은 몇 가지 뚜렷한 특징을 보인다.

## (1) 사람들의 칭찬을 두려워한다

외현적 자기애자에 비해 내현적 자기애자는 자신이 이슈와 중심이 되는 것을 두려워하고 자신을 내세우는 것을 좋아하지 않는다. 다른 사람에게 적극적으로 칭찬을 구하지도 않는다.

다른 사람과 가까워지면 자신이 뛰어나지 않다는 사실이 알려져 그들이 거리를 둘까 봐 두려워한다.

## (2) 강한 통제력을 가지려고 한다

내현적 자기애자는 자신을 특별한 존재라고 생각하며, 이를 충족시키기 위해 주변 사람들을 통제하고 지배하려고 한다. 그들은 대인관계에서도 자신이 원하는 방식으로 상황을 조작하며, 주도적인 역할을 맡으려고 한다.

## (3) 다른 사람의 평가에 예민하다

내현적 자기애자는 고민감군에 속한다. 대인관계에서 그들은 다른 사람의 평가에 지나치게 신경을 쓴다. 종종 다른 사람의 말에 과도하게 집착하고, 다른 사람의 객관적이고 감정 없는 표현을 자신에 대한 비판과 부정, 심지어 자신을 향한 공격으로 해석한다.

### (4) 자신이 남들과 다르다고 생각한다

내현적 자기애자는 자신에 대한 환상을 갖고 있는데, 대부분 자신이 남들과 다른 특별한 존재라고 생각한다. 그들은 '나는 남다르다'라는 생각을 쉽게 겉으로 표현하지 않고 마음속에서 묵묵히 자신만 주시한다. 그들은 속으로 '너희들은 나와 함께 어울릴 자격이 없다'라는 생각을 품고 있다.

### (5) 수동적인 공격에 능하다

갈등이 발생했을 때, 보통 내현적 자기애자는 '정면 돌파'를 선택하지 않는다. 그들은 의도적으로 일을 미루고 습관적으로 지각을 한다. 다른 사람이 한 말을 무시하거나 잘 잊어버리고, 메시지에 답장하지 않는 등 수동적인 공격 성향을 보인다.

### (6) 공감 능력이 부족하고 자기만의 세계에 빠진다

외현적 자기애자와 비슷하게 내현적 자기애자도 공감 능력이 부족하다. 그들은 결코 관대하게 퍼주는 사람이 아니다. 그들이 베푸는 것은 감정적으로 다른 사람을 배려하는 것이 아니라 자신의 이미지를 만들거나 이익을 만족시키기 위함이다. 그들은 자기만의 세계에 빠져서 자신과 무관한 일에는 결코 시간을 낭비하지 않는다.

## 부모의 양육 태도가 영향을 미친다

선영은 '자기애'라는 단어를 자신과 연관 지어 본 적이 없었기 때문에 그저 자신은 항상 겸손함을 잃지 않으려고 노력해 왔다고 생각했다. 하지만 자신의 내면에 우월감이 있다는 사실도 부인할 수 없었다. 이런 모순된 감정은 대체 어디서 오는 것일까? 내현적 자기애가 강한 이유는 태어난 가정, 즉 원가족의 양육 방식과 밀접한 관련이 있다.

선영의 기억 속 부모님은 항상 성적을 중요하게 생각하셨다. 선영 또한 남에게 지기 싫어하는 성격이어서 열심히 공부해 항상 반에서 1등을 차지했다. 그녀가 1등을 할 때마다 부모님은 매우 기뻐하며 외식을 하러 나가곤 했다. 가다가 아는 사람을 만나기라도 하면 딸이 얼마나 자랑스러운지 입에 침이 마르도록 칭찬을 했다.

물론 부모의 이런 반응을 얻기까지 힘든 시간도 있었다. 선영이 반에서 4등을 한 적이 있었다. 사실 4등도 그렇게 나쁜 성적은 아니었다. 그러나 그녀가 성적표를 부모님께 건네주자 어머니는 입을 꾹 다문 채 아무 말도 하지 않았고, 아버지는 괜찮다는 듯 고개를 끄덕였지만 실망한 기색을 감추지 못했다. 그리고 부모님은 그녀를 식당에 데리고 가서 축하해 주지도 않았고, 원래 계획했던 여행마저 취소해 버렸다.

그날 이후 그녀는 마음속으로 '나는 반드시 1등을 해야 한다.'라는 생각만 되뇌었다. 하지만 안타깝게도 그녀는 시험 때마다 1등을 하리라 보장할 수 없었다. 그녀의 성적이 오르락내리락하면서 그녀를 향한 부모님의 태도도 좋았다 나빴다를 반복했다.

## 세상을 향한 신뢰 상실

심리학에는 '대상 항상성<sup>object constancy</sup>'이라는 개념이 있다. 그것은 우리가 자라면서 대상(부모 또는 기타 주요 양육자)과 일정하고 정상적인 관계를 형성하는 능력을 의미한다. 이 관계에서 우리는 안정적인 '자기인지'와 '감정'을 길러내고, 다른 사람과 세상에 대한 기본적인 '신뢰'를 다져 나갈 수 있다.

선영의 부모는 그녀에게 일관되고 안정적인 환경을 제공하지 못했다. 오히려 아주 좋거나, 아주 나쁜 양극단의 환경을 만들었다. 이런 환경에서 자란 그녀는 감정의 롤러코스터를 경험했고 시간이 흐를수록 자신에 대한 인식도 흐려지면서 '나는 좋은 사람인가, 나쁜 사람인가? 우리 부모님은 나를 사랑하실까, 사랑하지 않으실까?'라는 생각을 끊임없이 하게 됐다. 그리고 이런 불안정한 감정과 자기인지는 그녀에게 깊은 불안감을 가져다주었고, 이로 인해 그녀는 세상을 향한 기본적인 신뢰를 잃고 말았다.

## 기대가 큰 부모가 내현적 자기애자를 만든다

부모에게 사랑받고 싶은 갈망은 우리 모두의 본능이다. 혼자서 생존할 수 없는 어린 시절, 부모의 사랑은 가장 기본적인 생존의 안전을 의미하기 때문이다. 성장 과정에서 부모의 사랑은 안정적이고 건강한 자아 정체성을 확립하는 데 도움이 된다.

선영에게 부모님의 사랑과 인정은 항상 마음 깊은 곳에 갈망으로 자리 잡았다. 하지만 이 사랑과 인정에는 조건이 따른다는 것을 알았다. 반드시 1등을 해야 했고 모든 면에서 완벽해야 했다. 그러나 이 세상에 완벽한 사람은 없다, 너무나 당연한 사실이다. '완벽함'이 부모님의 사랑을 얻을 수 있는 수단이 됐을 때, 그녀는 자신의 상상을 통해 '나는 완벽하다'라는 욕구를 충족시킬 수밖에 없었다. 그녀는 자신이 완벽하고 자신의 우월감을 확고히 해야만 사랑받을 자격이 있고 인정받을 권리가 있다고 믿었다.

'나는 완벽하다'는 환상으로 '완벽한 자신'에 대한 부모의 기대를 충족시키는 동시에 실망한 부모의 모습을 마주하면 내면으로부터 수치심과 열등감 등 진실한 감정이 터져 나왔다. 이것이 바로 그녀가 내현적 자기애자가 된 이유라고 할 수 있다.

대부분의 내현적 자기애자들은 그녀와 비슷한 어려움을 겪는다. '완벽함'을 기대하는 부모는 그들에게 '다른 사람보다 더 뛰어나다'는 환상을 심어주고, 부모의 실망과 차가운 시선은 그들에게 수치심과 열등감을 심어줘 낮은 자존감을 느끼게 한다.

## 속으로 다른 사람을 무시하는 내현적 자기애자

내현적 자기애자인 선영은 직장에서도 '내현적 자기애자'의 특징을 거침없이 드러냈다. 그녀는 늘 자신이 상사보다 잘났다고 생각했고 그래서인지 상사가 내린 많은 의사결정에 문제가 있다고 믿었다. 함께 일하는 모든 동료를 무시했고 그들이 지극히 평범하다고 생각했다. 또 동료들과 교제를 하거나 소통할 의향이 전혀 없었고 그들이 나누는 대화의 주제가 지루하고 유치하기 짝이 없다고 느꼈다. 이뿐만 아니라 자신이 충분히 더 높은 직위에 어울린다는 생각에 인재를 알아보지 못하는 임원진들의 안목을 비난했다. 이렇듯 그녀는 마음속으로 자신을 매우 높은 차원에 두었다.

이런 사람이 어떻게 인간적으로 거리감 없이 주변 환경에 녹아들 수 있겠는가. 그녀는 주변 환경과 잘 섞이지 못한다고 자주 느꼈고, 이런 부정적 감정에서 벗어나고자 직장을 자주 옮겨 다녀야 했다. 그러나 이직을 했다고 근본적인 문제가 해결될 리 만무했다. 그녀는 여전히 같은 어려움을 겪고 있었다.

그녀가 항상 1등을 해야 한다고 느꼈듯이 내현적 자기애자는 성장 과정에서 항상 완벽해지길 강요받는 경향이 있다. 그들은 자신의 단점을 인정하거나 드러내기 어려워하므로 늘 적군을 마주하듯 자신의 단점에 민감하며 이는 종종 적대적인 태도로 나타날 수도 있다. 그래서 다른 사람에게 공감하는 능력이 부족하다. 그러다 보니 직장이나 사회에서 동료들과 잘 어울리지 못한다.

## 남들보다 우월하다는 생각에서 벗어나라

내현적 자기애에서 벗어나서 집단에 잘 융화하려면 먼저 자신이 특별하다거나 우월하다는 생각에서 벗어나야 한다. '남보다 우월하다'는 느낌은 말 그대로 느낌일 뿐, 부모님에게 실망을 주지 않으려고 스스로 만들어낸 일종의 방어기제이자 환상일 뿐이라는 사실을 알아야 한다. 지금 우리가 해야 할 일은 이 허황된 환상을 자기 손으로 깨뜨리는 것이다.

내현적 자기애자는 먼저 자신을 내려놓는 법을 배우고, 자신이 좋아하는 것을 다른 사람과 적극적으로 공유하거나 일상적인 대화 속에서 상대방의 감정을 확인해야 한다. 또한 자신의 능력 내에서 다른 사람을 도와주는 등 의도적인 연습을 통해 자신의 공감 능력을 길러야만 집단에 잘 융화되고 다른 사람들과 좋은 관계를 유지하며 지낼 수 있다.

내현적 자기애의 딜레마에서 완전히 벗어나려면 무엇보다 자신과의 화해가 이루어져야 한다. 억지로 완벽한 사람이 되려고 하지 말고 남들이 알아봐 주길 기대하지도 마라. 그저 평범하고 특별한 하루하루를 보내면서 꽃을 보러 가거나 음악을 듣고 책을 읽으면서 평범한 삶을 즐기고 평범함 속의 아름다움을 느껴보길 바란다.

언젠가 우리가 평범한 사람이라는 사실을 받아들일 수 있을 때 내현적 자기애의 딜레마는 자연스럽게 사라질 것이다.

# 혼자 짊어질
# 필요는 없다

### 어린 시절 충족되지 못한 사랑

신영은 지금까지 단 한 번도 어머니에게 뭔가를 요구한 적이 없었다. 실제로 어머니와 지인들이 기억하는 어린 신영은 말 잘 듣는 착한 어린이였다.

"신영이는 어릴 때 정말 말을 잘 들었어. 다른 애들은 밖에 나가면 이거 사 달라 저거 사 달라 졸라 대다가 안 사주면 길바닥에 드러눕곤 했는데, 우리 신영이는 한 번도 그런 적이 없었어."

어린아이가 예쁜 원피스를 입고 아이스크림을 먹으면서

재미있는 장난감을 가지고 노는 친구를 보면서 어떤 마음이 들었을까? 정말 갖고 싶지 않았을까? 그녀는 갖고 싶었지만 가질 수 없었다.

신영은 바람 잘 날 없는 가정에서 자랐다. 부모님의 말다툼과 싸움은 정말 일상다반사였다. 그릇이 깨지고 옷도 찢어지고 그것도 모자라 가전제품도 다 망가졌다. 손에 잡히는 건 모조리 던져서 깨지거나 부서졌다. 신영은 조금도 놀라지 않았다. 오히려 침착하게 대처했다. 외동딸인 그녀는 부모의 말다툼을 자주 목격했을 뿐만 아니라, 시도 때도 없이 일어나는 부부 싸움의 여파로 상처를 입기도 했고 가끔은 부모의 화풀이 상대로 매를 맞거나 꾸중을 듣기도 했다.

여느 아이들에게는 어린 시절이 아름다운 무지갯빛이지만 신영에게 어린 시절은 잿빛이었다. 그녀는 부모의 싸움을 더는 보고 싶지 않아서 벗어나고 싶었지만 마땅히 갈 곳이 없었다.

그녀는 늘 '내가 태어난 게 잘못이야!', '내가 없었다면 부모님이 저렇게 싸우지 않았을 텐데.'라는 생각을 했다.

다른 사람에게 도움을 청하는 일은 아주 사소하고 흔히 있는 일이다. 하지만 어떤 사람에게는 도움을 청하는 일이 하늘의 별을 따기보다 더 어렵다. 그들은 "저 좀 도와주시겠어요?"라고 아무렇지 않게 묻는 사람을 보고 대단하다고 생각하면서 그렇게 하지 못하는 자신을 씁쓸해하며 그저 묵묵히 혼자서 모든 일을 짊어진다.

그들에게는 '도움을 청하는 일'이 언제부터 이렇게 어려운 일이 되었는가?

## 의지할 유일한 사람은 자신뿐

다툼과 비난으로 뒤덮인 가정환경에서 자란 신영은 자신에 대해 부정적으로 인식했다. 온몸을 파고드는 외로움과 쓸쓸함은 그녀를 자기 부정에 빠지게 했다. 시간이 갈수록 주변에서 일어나는 모든 상황에 '다 내 탓이야'라고 느끼기 시작했다.

신영이 '나'와 '잘못'을 동일시했다는 것은 그녀가 자신의 모든 필요와 기대가 불합리하며, 심지어 자신의 존재조차도 불합리하다고 여겼다는 의미다.

부모가 자녀에게 충분한 관심과 사랑을 주지 않는 것은 어린 아이에겐 감당하기 힘든 일이다. 이러한 현실을 합리화하기 위해 그녀는 자기만의 해석을 만들어냈다. '나는 태어나지 말았어야 했어. 내가 태어난 게 잘못이야.' 이런 식으로 생각해야만 부모의 행동을 그나마 '합리적'으로 이해하고 받아들일 수 있었다.

어느 자녀가 부모의 사랑을 바라지 않겠는가? 다른 아이들과 마찬가지로 그녀도 부모님이 애정 어린 눈빛으로 자신을 바라봐 주길 원했고, 다른 아이들처럼 부모님께 장난감을 사 달라고 떼를 써 보고 싶었다. 그리고 무엇보다 부모님이 덜 싸우고 자신과 더 많은 시간을 보내 주길 바랐다. 그러나 '내 잘못이야'라는 생각은 그녀의 마음속 깊은 곳의 갈망을 무자비하게 차단했다.

신영처럼 어린 시절부터 부모의 사랑을 받아보지 못한 사람은 이 세상 모든 일을 오롯이 자신에게만 의지해야 하고, 또 그럴 수밖에 없다고 생각한다. 자신이 의지할 수 있는 유일한 사람이 '자신'밖에 없으면, 그들은 서서히 도움을 청하는 능력을 잃어버리게 된다.

## 도움을 청하지 못하는 까닭

우리는 모두 태어나면서부터 자신이 무엇을 하든, 어떻게 행동하든 다른 사람이 늘 나를 사랑해 주기를 바라는 소망이 있다. 심리학에서는 이것을 '자기의 자기애적 환상'이라고 하며, 이는 비현실적이지만 성격 형성과 발달에 필수 요소이다. 이런 원초적인 욕구가 어린 시절 일찍이 충족된다면 즐겁고 자유롭게 성장할 것이다. 하지만 충족되지 않으면 생존의 위기를 경험하고, '착하게 굴기', '부모님 말씀 잘 듣기', '부모님에게 조르지 않기' 등 자기 자신에게 수많은 요구를 하게 된다. 그래야만 '부모님이 나를 사랑해'라고 느끼고 생존 위기도 해소된다고 여기기 때문이다.

생존 위기가 해소되면 내면에서는 무조건적 사랑을 원하면서도 반드시 여러 요구를 만족시켜야 사랑받을 수 있다고 생각하는 대립 상태가 발생한다. 결국 양측이 계속 맞서면서 심각한 내적 탈진을 초래할 수 있다.

신영처럼 어렸을 때 부모에게 무조건적 사랑을 받지 못한 사람들은 항상 자신을 스스로 돌봐야 하며 심지어 부모의 감정까지 돌봐야 할 때도 많다. 그래서 강하고 독립적인 것이 그들에게 익숙한 생존 방식으로 자리 잡는다.

그들은 자신이 약해지거나 다른 사람에게 의지하는 것을 절대 용납하지 않는다. 이는 그런 일이 발생하면 어린 시절 결핍된 사랑으로 인해 느꼈던 생존의 불안함이 소환되기 때문이다. 그들에게 있어 '도움을 청한다는 것'은 바로 자신을 '약자'의 위치에 두는 것과 같다. 그것은 다른 사람에게 자신의 연약함과 불완전함을 드러내고, 다른 사람에게 기대감을 품는 것이다.

## 그것은 진정한 자립이 아니다

사실 '의지할 줄 모르고 억지로 해내는 자립'은 진정한 자립이 아니다. 혼자서 모든 일을 해낼 수 있다는 환상은 결국 자신을 지치게 만든다. 육체적으로 피로한 것은 물론 정신적으로 절망하게 만들 수 있다.

우리는 자라면서 '조건적'인 사랑을 받아들이는 법을 배운다. 하지만 내면 깊은 곳에는 '자기의 자기애적 환상', 즉 '누군가 나를 무조건적으로 사랑해 주길 갈망'하는 의식이 항상 존재한다. 그것을 억누를수록 사랑받고 싶은 갈망은 더욱 선명하게 나타난다.

진정한 자립을 원한다면 누구든 사랑받고자 하는 자신을 '약자'의 위치에 두는 법을 배워야 한다. 자신을 '약자'의 위치에 두는 것은 자신이 약하다는 의미가 아니라 지금 이 순간 사랑받고 있다는 의미일 뿐이다.

아무리 강한 사람이라도 연약할 때가 있는 법이다. 자신의 연약함을 드러낼 때 비로소 편하게 도움을 요청할 수 있고 다른 사람의 선의와 사랑을 더 잘 받아들일 수 있다. 도움을 요청하는 과정에서 상대방에게 거절당하더라도, 그것은 당신 자체를 부정하는 것이 아니라 그저 상대방이 당신을 만족시킬 능력이 없다는 것을 보여준 것일 뿐이다. 그러니 자신을 의심하지 말고

당신을 도울 능력이 있는 사람을 찾을 때까지 계속 시도해 보기
바란다.

'가짜 자립'에 작별을 고하고 자신의 연약함을 보여 줄 수 있
을 때, 선의와 사랑이 자신에게 끊임없이 밀려온다는 사실을 깨
달을 것이다.

# 뭘 해도
# 행복하지 않다

## 딱히 이유 없는 불행한 느낌

혜원은 40대를 넘긴 중년 여성이다. 어느 날 그녀와 이야
기를 나누는데 인테리어 때문에 스트레스가 이만저만이 아
니라는 것이다. 친구가 외국에서 사 온 가구들로 집을 예쁘
게 꾸민 것을 보고 자기 집도 예쁜 수입 가구로 꾸며 보면 어
떨까 하는 생각에 들떠 있었다. 하지만 생각보다 수입 가구
는 너무 비쌌고 가성비가 좋은 국산 가구도 마음에 들어서
어떤 것을 선택해야 할지 고민이라고 했다. 그렇다고 그녀
가 고급 수입 가구를 사지 못할 형편은 아니었다. 그녀는 회

사 CEO였고 최근 몇 년 동안 눈부신 성장을 했기 때문에 한 마디로 돈이 부족한 상황은 아니었다.

그녀는 자신이 단지 심리적 장벽을 넘지 못할 뿐이라고 생각했다. 지금까지 그녀의 소비 철학은 가성비를 추구하는 것이었고, 이는 그녀의 생활신조로까지 자리 잡은 상태였다.

그녀가 나에게 물었다. "나랑 어울린다고 생각해요?"

나는 그녀에게 직접 대답하지 않고 새로운 질문을 던졌다.

"그 수입 가구, 정말 당신이 원하는 게 맞아요? 원하는 정도가 10점 만점이라고 하면 몇 점을 줄 수 있어요? 가성비 좋은 국산 가구는요?"

그녀는 잠시 생각에 잠긴 후 대답했다.

"두 가구 모두 특별히 원하는 것은 아니에요. 다른 가구로 바꾼다고 해도 큰 문제는 없어요."

"그럼 지금까지 갖고 싶은 게 있는데 갖지 못했을 때 바로 포기했었나요?"

그녀는 또다시 생각에 잠겼다.

"이런 질문을 받아 본 적이 처음이라… 그리고 보니 지금까지 무언가를 간절히 원한 적이 없는 것 같아요."

실제로 우리 주변에는 혜원과 같은 사람들이 많다. 그들은 평소 온화하고 차분하다가 친구들과 있을 때 다른 사람이 최근에 마음에 드는 물건을 샀다고 이야기하면 자신도 갖고 싶다는 속마음을 드러내곤 한다. 하지만 실상을 따라가 보면 '나도 갖고 싶어'라는 말은 그냥 하는 소리일 뿐 행동으로 직접 옮기지는 않는다.

그들은 항상 다른 사람에게 평안하고 여유로운 인상을 준다. 속세를 초월한 사람처럼 욕심 하나 없이 자신만의 속도로 세상에 휘둘리지 않는다. 그들이 정말 초연하게 산다면 신선과 같은 행복을 누릴 수 있을 것이다.

그러나 과연 그럴까? 그들과 가까워지면 알 수 있다. 전혀 행복하지 않다는 것을. 더욱이 그들의 불행은 원인을 찾기도 어려울뿐더러 가정이 평안하고 사업이 잘되더라도 여전히 불행함에서 벗어나지 못한다.

## 감히 내가 원한다고 말해도 될까

행복할 수 있는 능력을 잃은 사람은 마음속에 감춰진 상처가 있을지도 모른다. 실제로 상담하다 보면 많은 내담자가 비슷한 질문을 한다.

"어떻게 선택해야 할지 모르겠어요."

겉으로는 '선택'의 문제 같지만, 더 깊이 들여다보면 '필요'의 문제라는 것을 알 수 있다. '어떻게 선택해야 할지 모르겠다'의 이면에 숨은 진짜 문제는 '내가 감히 이걸 원해도 될까?'이다.

혜원은 학자 집안 출신으로 부모가 모두 대학교수이다. 가정 환경만 보면 부모가 평생 교직에 종사해 왔으니 자녀 양육만큼은 일반인보다 더 잘하는 게 당연해 보인다. 하지만 현실은 그렇지 못했다. 그녀는 어렸을 때부터 부모님의 사랑을 충분히 받지 못했다.

그녀의 기억 속에서 어머니는 급한 성격 탓인지 항상 불안해 보였고, 아버지는 일과 학업 연구로 늘 바빴고 과묵했다. 부모님은 하루 종일 너무 바빠서 그녀를 돌보는 데 소홀했다. 아니, 거의 돌보지 않았다. 불안한 어머니는 어린 혜원의 요구를 충족시킬 충분한 에너지와 집중력이 부족했고, 오히려 어머니의 불안함을 고스란히 느낀 그녀가 수시로 어머니의 상태를 살피고 위로해 줘야 했다.

어린 시절의 혜원은 자신의 요구를 주장할 수 없는 아이였다. 그녀는 지금까지 부모가 자신의 요구를 충족시켜준 적이 없기 때문에 다른 아이들처럼 자유롭게 "저는 이걸 원해요."라는 말을 할 수 없었다.

아이의 무의식 속에 '내 요구는 충족되지 않을 것이다'라는 생각이 각인되면 요구는 불합리한 기대가 되고 요구를 표현하는 것조차 '용납되지 않는 일'이 된다. 그러면 아이의 마음속 '가질 수 없는 것'이 '감히 갖지 못하는 것'으로 바뀐다.

그녀의 '어떻게 선택해야 할지 모르겠다'라는 말 이면에는 실제로 '내가 원한다고 말하면 문제가 생길까 봐 두렵다'라는 뜻이 내포되어 있다.

## 거절된 나의 요구가 불러온 나비효과

모든 사람의 행동 뒤에는 숨겨진 동기가 있다. 일반적으로 우리의 요구가 행동의 가장 큰 동기가 된다. 예를 들어 좋은 대학에 가기 위해 열심히 공부하기로 했다면 '좋은 대학에 가는 것'이 바로 요구이자 동기가 된다. 또 연말에 우수 직원으로 선정되고 싶어서 열심히 일해 좋은 성과를 냈다면 여기에서 요구와 동기는 '연말에 우수 직원으로 선정되는 것'이다.

누군가 자신의 요구를 박탈당한다면 어떤 행동을 보일까? 더 이상 자신의 진정한 요구를 자신 있게 추구하거나 주장하지 않고 다른 사람들이 보기에 '올바르고 합리적인' 요구만 추구하려고 할 것이다.

혜원은 좋은 대학에 입학했고 지금은 좋은 회사를 운영하고

있지만 '좋은 대학'과 '좋은 회사'가 그녀의 진정한 내적 요구는
아니었기 때문에 그것으로부터 행복을 얻지 못했다. 좋은 대학
에 간 것도, 좋은 회사를 운영하는 것도 단지 그녀가 뛰어나다는
것을 증명하는 것에 불과했다.

## 당신은 행복한가요?

주변에 이런 사람들이 너무 많다. 그들은 그럴듯한 직업과 성
공적인 경력을 가지고 있지만 진정한 자기 요구는 억압되고 박
탈되어 행복을 누리지 못한다. 그들이 행복할 수 있는 능력을 잃
어버렸다는 것은 창조적 행동을 추구하는 동기를 잃어버렸다는
것과 같은 의미다. 지금까지 열심히 살아온 것 같지만 그것은 단
지 생존의 본능에서 비롯된 것일 뿐, 자기 자신의 진정한 가치
실현과는 거리가 멀다. 그들은 삶의 의미를 이해하는 것은 고사
하고 인생을 걸고 분투할 목표조차 찾지 못했다. 동시에 내면에
억압된 진정한 요구는 계속 꿈틀거리며 다른 사람들에게 보이고
인정받기를 간절히 원한다.

자신의 요구를 인정받지 못하거나 충족된 적이 없는 사람은
자기만의 고유한 가치를 실현할 수 없으며, 그의 모든 가치는 다
른 사람의 만족에서 나오게 된다. 그러나 다른 사람을 만족시킬
수록 자신의 요구는 더 많이, 더 깊이 감춰질 뿐이다.

그들이 정말로 원하는 것은 모든 집착을 벗어버리고 다른 사람에게 진정한 자신의 모습을 보여 주고, 진정한 요구를 마음껏 표현하고 충족시키는 것이다.

## 이제 변화를 시도해 보라

불행한 가정에서 자란 사람에게 자신의 요구가 충족되지 못했다는 것은 평생 행복하지 못할 운명이라는 뜻일까? 물론 아니다. 성인이 된 뒤의 경험도 자아 형성에 중요한 역할을 하니까 말이다. 그러니까 어렸을 때 자신의 요구는 무시당했을 수도 있지만, 지금도 여전히 그렇다는 것은 아니라는 말이다. 자신의 진정한 요구가 무시당하고 있다는 것을 깨닫기 시작하면 과감하게 변화를 시도하여 자신의 요구에 맞서고 주장하면 된다.

이러한 변화는 아주 간단하다. 자신의 작은 소망을 확실하게 충족시키는 것부터 시작해 서서히 담담하게 큰 소망을 마주한다면 스스로 만족할 수 있는 행복한 사람으로 살아갈 수 있다.

예전 월터 아이작슨의 저서 『스티브 잡스』를 읽을 때 그가 살아오면서 내린 많은 선택에 감탄하지 않을 수 없었다. 그는 분명히 더 좋은 대학에 갈 수 있었지만 자신의 인생 철학에 맞는 리드 칼리지<sup>Reed College</sup>를 선택했다. 6개월 동안 학교에 다니면서 지루한 필수과목은 듣기 싫다며 자퇴를 고집했다. 명상에 관심이 많았던 그는 인도 여행을 다녀온 후 채식이 몸을 정화시킬 수 있다는 생각에 채식을 고집하기 시작했다. 다른 사람이 보기에 말도 안 되는 결정들이 모두 그의 확고한 고집을 여실히 보여 준다. 모두가 알다시피 잡스는 행복한 가정에서 태어나지 않았다. 그는 친부모에게 버림받고 입양되었다.

그의 사례를 빌려 나는 원가족으로부터 자기 요구를 박탈당한 사람들에게 말하고 싶다.

"용감하게 변화를 시도한다면 당당하게 자신이 원하는 바를 말 할 수 있는 사람이 될 수 있다!"

# 모든 부정적 감정은
# SOS 신호다

## 부정적 감정이 올라올 때

먼저 세 사례를 살펴보자.

사례 1 재준은 곧 대학원 입학을 앞둔 학생으로 지도교수의 연구실에서 선배들을 알게 됐다. 연구실 사람들과 다 같이 있을 때는 수줍어하고 말도 별로 하지 않았지만, 진심으로 서로 잘 어울리고 친근한 사람들에게 친밀감을 느꼈다.

재준은 항상 자신이 내향적이라고 생각해서 사교성을 늘리려고 노력해 왔다. 대학원에 들어와 새로운 환경에 노출되면 자신이 좀 더 활발해지리라 생각했다. 그러던 어느 날, 연구실에 그와 한 선배만 남게 되었다. 그 순간, 이전의 인간 관계에서 느꼈던 불안함과 긴장감이 되살아났고, 한시라도 빨리 연구실에서 도망쳐 집에서 게임이나 하고 싶었다.

사례 2 직장인 여정은 동료들에게 인기가 많다. 그녀는 친절하고 자상하며 이해심이 많은, 말 그대로 좋은 사람이다. 동료들을 대신해서 배달 주문이나 출퇴근 카드 태그, 택배 발송 등 많은 일을 적극적으로 도와주곤 했다. 처음에는 자신을 향한 사람들의 관심과 사랑을 즐겼다. 하지만 시간이 지날수록 동료들이 싫어졌고 심지어 출근도 하고 싶지 않았다. 이런 마음을 숨기기 위해 긴 휴가를 낼 수밖에 없었고 결국 심한 우울감에 빠지고 말았다.

사례 3 현수는 최근 자신을 설레게 하는 여성을 만났다. 상대방도 그에게 호감을 느끼는 것 같았다. 그에게 이미 그녀의 연락처가 있어서 관계를 발전시킬 수도 있었지만 차마 그러지 못했다. 그것은 그에게 너무 어려운 문제였다. 그녀에게 어떻게 연락하면 좋을지 갈피를 잡지 못했고, 혹시나

고백하고 거절당하면 그 수치와 좌절을 어떻게 극복해야 할지 몰라 걱정이 태산이었다. 그는 문자메시지를 썼다 지우기를 수없이 반복하다가 결국 발송 버튼은 누르지 못했다.

## 부정적 감정에서 도피한다고 해결되는 것은 없다

위의 사례들은 서로 다른 부정적 감정으로 괴로워하는 세 사람을 보여 준다. 그들과 비슷한 경험이 있는 사람들은 어쩌면 '타인'이라는 거울에 비친 '나'를 발견했을지도 모른다.

여러 부정적 감정에 빠질 때마다 많은 사람이 보이는 첫 번째 반응은 바로 '도피'다. 예를 들어, 재준은 게임을 하면서 인간관계에서 오는 불안을 피할 수 있고, 여정은 자신을 혼자 두는 방법으로 우울한 감정을 해소할 수 있으며, 현수는 상대방에게 연락하지 않음으로써 '거절당할 가능성'에서 오는 수치심과 좌절감으로부터 멀어질 수 있었다.

그렇다면 도피를 선택한다고 해서 모든 일이 잘 해결될까? 그렇지 않다. 사실은 정반대. 오히려 부정적 감정은 우리가 피하면 피할수록 맹수처럼 끈질기게 쫓아온다. 반복되는 도피에서 실패를 경험하고 나서야 사람들은 부정적 감정에 직면해야 한다는 사실을 깨닫는다. 도피는 근본적인 해결책이 아니기 때문이다.

부정적 감정이 세차게 공격해 올 때마다 도망가기에 급급해서 한 번도 부정적 감정의 본질을 제대로 마주한 적이 없다면, 어떻게 문제 해결을 할 수 있겠는가?

## 부정적 감정의 본질

부정적인 감정의 본질은 무엇일까? 내담자의 사례를 통해 이 질문의 답을 찾아보자.

지현은 다른 내담자들과 마찬가지로 정말 힘든 가정에서 자랐다. 그녀의 부모는 거칠고 화를 잘 내는 성격인 데다가 모든 문제를 폭력으로 해결하는 습관이 있었다. 어린 시절 지현은 부모로부터 숱한 거절과 비판을 받았다. 그녀에게는 오빠가 있었는데, 오빠는 지현보다 훨씬 더 힘든 시간을 보냈다. 참혹하다고 할 정도로 어려서부터 부모에게 갖은 비난과 폭행을 당했다. 두 남매는 부모의 잘못된 훈육 아래 집에서 매일 부모의 눈치를 살피며 조심스럽고 조용하게 지냈다.

상담 중 그녀는 집안의 불행을 이야기하면서 떠올리기만 해도 불편하고 끔찍했던 경험을 털어놨다. 그녀는 집에 있을 때는 자신의 감정을 억눌러야 했다. 그렇게 억압된 감정은 학교에서 다른 여학생을 괴롭히는 것으로 표출됐다. 그뿐만 아니라 온갖 곤충과 작은 동물을 학대하는 데 강한 집착을 보였다.

"하교 후 집으로 돌아가는 길에 논밭이 많아요. 그러면 두꺼비나 애벌레 같은 작은 동물을 잡아서 아주 잔인하게 죽이곤 했어요. 지금 생각해 보면 내가 그런 짓을 했다는 게 믿어지지 않아요."

개인의 방어기제는 다양하다. 방어기제도 긍정과 부정으로 나눌 수 있다. 심리학에서 부정적인 방어기제를 '치환置換'이라고 하는데, 이것은 어떤 사람이나 사물에 대한 감정이나 욕망, 태도를 다른 사람이나 사물에 전달하는 것을 말한다.

예를 들면, 아빠가 회사에서 상사에게 한바탕 깨지고 집에 돌아와 분노를 겨우 억누르고 있는데, 마침 아이가 숙제는 뒷전이고 휴대전화만 만지작거리고 있다. 그 모습을 보고 있다가 느닷없이 아이에게 화풀이를 한다. 갑작스러운 꾸중에 아이도 마음이 좋지 않아 옆에 있는 고양이를 발로 찬다. 다른 사람이나 사물에 분노를 터뜨리는 이런 행위의 이면에 '치환'이라는 방어기제가 작용하고 있는 것이다.

매일 폭력으로 물든 가정에서 어린 시절을 보내야 했던 그녀의 마음은 온통 공포와 분노 그리고 억울함으로 가득 차 있었다. 그러나 그녀는 이런 감정을 직접 표현할 수 없었다. 그랬다가는 자신이 위험해질 수 있다는 사실을 알고 있기 때문이다. 그래서 그녀는 부정적 감정을 억누를 수밖에 없었고 자신에게 더 안전한 대상을 찾아서 감정을 표출해야 했다. 여러 작은 동물을 학대하는 과정에서 자신의 억눌린 감정을 '치환'하여 표현하고 풀어 냈던 것이다.

이러한 부정적 감정의 본질은 무엇일까? 그것은 자기방어의 한 형태이다. 부정적 감정을 표출하는 것은 구조해 달라는 신호와 같다. 다소 독특한 방식으로 '살려 주세요!'라고 외치는 것이다.

## 내 감정의 진짜 주인이 되라

위에서 언급했던 세 사례로 돌아가 보자. 재준의 불안함과 긴장감이나 여정의 우울함, 현수의 수치심과 두려움 같은 부정적 감정은 자신을 보호해야 한다고 일깨우는 내면의 위험 신호다.

그러나 부정적 감정이 내면을 파고들 때 무조건 피하려고 든다면 트라우마만 심해질 뿐이다. 피하면 피할수록 우리의 감정은 더 약해지고 대처 능력도 더 떨어지기 때문이다. 짧게 보면 일단 피하는 것이 도움이 될 수 있지만 멀리 보면 오히려 지속적인 고통만 증가시킬 뿐이다.

부정적 감정 앞에서 우리가 해야 할 일은 그 존재를 마주하고 위험이 닥치더라도 침착하게 친근해지는 것이다. 부정적 감정을 몰아내기 위해 서두를 필요는 없다. 다만 부정적 감정이 생겼다는 것은 우리에게 위험이 다가오고 있음을 알려 주기 위한 것임을 깨달으면 된다. 그리고 그 위험이 실제로 존재하는지 확인하기 위해 잠시 그 옆에 머물러 보자.

모든 사람의 잠재의식은 흔히 뿔뿔이 흩어진 그림 형태로 기억 속에 저장된다. 부정적 감정이 나에게 위험이 닥친다는 것을 상기시켜 줄 때 자문해 보자.

'내가 무엇을 보았지?'

우리가 본 것은 단지 어린 시절의 불행한 경험일 수 있다. 과거의 심리적 트라우마는 '위험'한 상상에 집착하게 만든다. 사실 과거는 환상이 되었고 현재만이 실제이자 현실이다. 이것은 현실과 타협하는 것이 아니라 감정과 진실을 분리하는 것이다. 그래야 우리가 자기감정의 진짜 주인이 될 수 있다.

# 상처를 주고받는
# 가깝고도 먼 원가족

## 원가족의 영향에서 벗어나려면

원가족의 속박에서 벗어나려면 어떻게 해야 할까?

수년간 심리상담을 하면서 나는 원가족으로부터 상처를 받은 피해자들을 수도 없이 만났다. 원가족의 굴레에서 벗어나기 위해 수능이 끝난 후 대학을 선택할 때 일부러 집에서 멀리 떨어진 도시의 대학을 선택하거나 하루라도 빨리 부모의 통제에서 벗어나기 위해 서둘러 결혼해 가정을 꾸리기도 하고, 어린 나이에 도망쳐 나와 이리저리 떠돌며 사는 이들도 있다.

그들은 하나같이 부모와 다른 삶을 살겠다고 맹세한다.

그들은 원가족을 '배신'하면 자신의 행복을 찾을 수 있으리라는 생각에 각고의 노력을 기울인다. 하지만 평생을 발버둥 쳐도 원가족이 자신에게 씌운 주문에서 벗어나기 힘들다.

이것이 바로 '세대 간 전이intergeneration transmission'다. 이 세대 간 전이는 꼭 부모처럼 사는 것만이 대물림이 아니라 부모처럼 살지 않겠다고 필사적으로 '배신'하는 모습도 대물림이다.

세대 간 전이는 인간관계 패턴이나 친밀관계 패턴 그리고 교육 방식 등 부모가 가지고 있는 성격이나 행동이 자녀에게 대물림되는 현상을 말한다. 이러한 대물림은 부모와 자녀 간은 물론, 가족 간 무의식적인 전이도 포함한다.

### "부모님처럼 살고 싶지 않아!"라는 말의 이면

"난 부모님처럼 살지 않을 거야!"라고 외치는 사람들이 있다. 얼핏 들으면 그들이 원가족의 속박에서 벗어났다고 생각할 수 있지만 조금만 들여다보면 또 다른 의미를 발견할 수 있다. 바로 그들이 원가족과 깊은 감정적 유대를 '배신'의 방식으로 표현하고 있다는 점이다.

모든 사람은 처음에 다른 사람을 통해 자기 자신을 알게 된다. 어렸을 때, 우리는 세상에 대해 아무것도 모르는 거의 백지상태였다. 모두 자신과 가장 가까운 사람, 부모를 통해 '나는 누구인가', '이 세상은 어떻게 돌아가는가'를 배우고 이해했다. 부모는 우리의 거울과 같아서 그들의 피드백을 통해 위의 질문에 대한 답을 얻고 자기 정체성의 초석을 세워나간다.

나이가 들면서 우리는 자신의 힘을 인식하기 시작하고 다른 방식으로 서서히 세상을 알아간다. 이때 '나'는 더 이상 부모의 평가에 의존하지 않는 독립적인 모습을 보이기 시작한다.

그러면서 '나'는 부모와 분리되는 과정을 겪게 되는데, 이것을 심리학에서 '자기 분화self differentiation'라고 부른다. 자기 분화가 완성되면 부모로부터 감정적으로나 인격적으로 모두 독립 상태가 되며, 자신과 세상에 대해서도 독립적인 관점으로 인식하게 된다.

## 원가족에서 분리되는 첫 번째 단계, '대항'

부모님처럼 살지 않을 거라고 계속 강조하는 사람은 아직 자기 분화가 이루어지지 않았다는 뜻이다. 원가족에 대한 '배신'처럼 보이지만, 이 '배신'은 자유의지에 의한 선택이 아니라 심리적 트라우마를 기반으로 한 대항이다. 물론 대항하는 것이 나쁜 건 아니다.

우리가 원가족에서 분리되는 첫걸음은 바로 대항이다. 대항한다는 것은 확고한 자기 의지가 있다는 방증이다. 다만 대항이 진정한 자기의 필요에 따라 이루어져야지, 어린 시절의 그늘에 초점을 맞춰 대항하면 곤란하다. 심리적 트라우마와 부정적 감정에 사로잡혀서는 안 된다.

원가족에 대항하는 목적이 단순히 '나는 부모님처럼 살지 않겠다'라면, 이는 진정한 자아를 세우기보다는 어린 시절의 고통스러웠던 감정에서 벗어나기 위한 대항에 지나지 않는다. 이런 '도피'는 결국 헛수고가 될 수밖에 없다.

## 부모로부터 정서적으로 독립하는 3단계

미국의 가족 치료family therapy 선구자이자 체계적 치료의 창립자인 머레이 보웬Murray Bowen은 자기 분화, 즉 이성과 감정이 잘 분화되어 있을수록 성숙한 사람이며, 인간의 성숙함은 진정한 정서적 독립을 이루었는가로 가늠할 수 있다고 했다.

원가족의 영향에서 벗어나려면 정서적으로 독립하는 것이 중요하다. 정서적 독립은 자기 분화가 완벽에 가깝고 자신의 감정적 요구에 유연하게 대처할 수 있다는 것을 의미한다. 우리는 어떻게 정서적 독립을 이뤄낼 수 있을까?

다음 몇 가지만 알면 된다.

### (1) 부모의 한계를 분명히 이해한다

원가족에게 상처를 받은 사람들의 공통된 감정은 부모에 대한 원망이다. 사실 원망 뒤에는 해결되지 않은 문제가 숨어 있다. 그것은 부모의 사랑을 얻고자 하는 갈망이나 부모의 인정을 받지 못한 아쉬움 등이다. 우리는 부모를 공감하지 않고 받아들이지 않아도 되지만 그들이 처한 시대적 배경이나 그들이 자란 원가족의 환경을 살펴보고 그 한계를 이해하려고 노력해야 한다. 그렇게 마음속 한편에 자리 잡은 무거운 돌덩이를 하나하나 내려놓아야 한다. 원망을 내려놓으면 더는 부모의 만족을 기대하지 않게 된다. 이것이 바로 정서적 독립의 시작이다.

### (2) 자기 신념을 새롭게 한다

열악한 원가족은 무의식적으로 부정적 자기 인식을 받아들여 자기 부정과 자기 공격에 빠지게 한다. 이때 힘이 약해진 우리는 끊임없이 외부로부터 지원을 받아야 하는데, 이때 필요한 것이 자아에 대한 긍정적인 신념을 새롭게 세우는 것이다. 그리고 이는 독립의 두 번째 단계에 해당한다.

긍정적인 신념을 세우기 위해서는 달리기나 글쓰기처럼 작지만 의미 있는 일을 찾아서 꾸준히 해 보는 것이 좋다. 꾸준히 하다 보면 자신감을 얻게 되고 시간이 흐르면 다른 사람에게 덜 의존하게 된다.

### (3) 새로운 상황과 새로운 경험을 찾아 본다

우리는 자라면서 감정 패턴을 형성하는데, 부모가 우리를 대하는 방식과 부모가 서로를 대하는 방식 등이 큰 영향을 미친다.

정서적 독립을 하는 과정에서 자신과 다른 성격을 가진 다양한 사람들을 만나고, 그들이 사물을 대하는 태도나 방식을 이해하거나 일부 심리적 활동에 참여한다. 요컨대 우리는 새로운 상황을 만들고 새로운 감정적 경험을 얻을 필요가 있다. 그래야 '원가족의 콤플렉스'를 끊고 정서적으로 진정한 독립을 이룰 수 있다.

우리가 정서적으로 독립할 때 진정으로 자신의 주인이 될 수 있으며, 원가족을 마주할 수 있는 '심리 면역력psychological immunity'도 생긴다. 이미 원가족이라는 족쇄를 풀고 벗어난 것이니 다시는 '도피'할 필요가 없어진다.

# 성격의 유연성이
# 삶을 바꾼다

## 문제는 내향적 성격이 아니야!

너무 내향적인 원영은 모임이든 회식이든 사람들이 모여 있는 곳에만 가면 쉽게 긴장한다. 그래서 물 만난 물고기처럼 많은 사람 앞에서 쉴 새 없이 이야기하는 이들을 보면 너무 부러웠다. 가끔은 그녀도 적극적으로 대화에 참여했지만 아무리 노력해도 긴장감은 쉽게 사라지지 않았고 시간이 지날수록 말과 행동이 어색해지고 굳어지는 것 같았다. 그녀는 자신이 이렇게까지 긴장하는 이유가 내향적인 성격 때문이라고 생각했다.

사실 우리는 곳곳에서 원영과 같은 사람들을 만날 수 있다. 그들은 사교적인 모습을 보여 주기 위해 자신이 원하는 바를 거스르는 것도 마다하지 않고 조심스럽게 다른 사람에게 맞춰 나간다. 그래서 어디서나 긴장하지 않고 스스럼없이 행동하는 사람을 보면 부럽다. 인간관계나 사교적 자리에서 그런 사람처럼 되고자 애쓰지만 이내 몸과 마음이 모두 지치고 만다.

당신도 원영과 같은 사람이라면 모든 문제가 내향적인 성격 탓이라고 성급하게 결론짓지 않기를 바란다. 잘 생각해 보면 다른 장소나 다른 사람들과 있을 때 이들이 누구보다 유쾌하고 수다스러운 사람이라는 것을 알고 있지 않은가.

어떤 사람은 특정한 환경에서만 자유롭게 관계를 맺는 반면에 다른 환경에서는 완전히 다른 사람처럼 극도의 불안함과 긴장감을 느낀다. 이것은 '내향적인 성격'의 문제가 아니라 '성격의 유연성' 문제이다.

## 성격 때문이 아니라 유연성이 부족한 것

성격의 유연성이란 무엇인가? 외부로부터 자극을 받았을 때 자아의식과 자아통합을 유지하는 능력을 말한다. 쉽게 말하면 새로운 상황에 대처하는 능력이며, 변화에 대한 적응력이 뛰어난 성격을 뜻한다.

성격 유연성이 높은 사람은 부정적인 감정을 다루는 능력이 탁월하고, 열린 자세로 삶을 대하며, 다양한 상황에 여유롭게 대처할 뿐 아니라 다른 역할에도 잘 적응함으로써 좋은 인간관계를 유지한다.

성격 유연성이 부족한 사람은 늘 자신의 방식만 고집하는 경직된 태도로 초지일관하여 갈등과 마찰을 빚기 쉽다. 구체적으로 그들에게서 흔히 다음과 같은 특징이 나타난다.

- 역지사지의 능력이 부족하고 종종 '모 아니면 도' 또는 자기만의 방식으로 많은 일을 처리하느라 사건이나 사물의 다양한 면을 보지 못한다.
- 자신의 의사와 기대에 맞지 않는 일에는 도피 심리가 생겨서 '나는 원래 이래.', '나는 아무것도 바꿀 필요가 없어.'라고 생각한다.
- 적응력이 부족하고 새로운 환경이나 장소에 어울리기 어려우며 갑작스러운 변화에 제대로 대처하지 못한다.
- 감정 조절 능력이 부족해 고난이나 스트레스 앞에서 부정적 감정과 극심한 감정 변화에 휩쓸리기 쉽다.

## 안전한 환경 속에서 유연함이 발달한다

자녀가 아기였을 때 언어로는 의사소통이 불가한 탓에 부모는 울음소리로 아기가 어떤 상태인지 이해해야만 했다. 아기는 부모가 따뜻한 팔로 안아 줄 때 안도감을 느꼈고, 젖병을 건네줄 때 만족감을 느꼈다. 부모는 공감을 통해 어린 아기에게 안전한 환경을 만들어줬다.

자라면서 아이는 주변의 모든 것에 호기심을 느끼면서 세상을 탐색하기 시작한다. 탐색 과정에서 상처를 입을 수 있지만, 주변 환경에 대한 초기 인식과 이해를 하게 되고, 그에 상응하는 대응 능력이 발달한다. 안전한 환경에서 아이는 자유롭게 탐색할 수 있고 그러면서 자아가 확립되고 개선되며 더 유연한 사람으로 성장한다.

## 자아의 발달에 따라 유연성이 달라진다

그런데 만약 아이가 부모의 공감 능력이 떨어지는 환경에서 자란다면 어떤 모습으로 성장할까? 어린 시절 아무리 울어도 부모가 들여다보지 않고 배고파해도 제때 음식을 주지 않는 등 안정감이 부족한 환경에서 자랐다면, 아이의 마음속은 세상에 대한 회의와 적개심으로 가득 찰 가능성이 크다. 이러한 부족한 안정감은 성격의 유연성을 저해하며, 성인이 되었을 때 많은 사회적 상황이 위기로 다가올 수 있다.

공감 능력이 부족한 부모 외에도 통제형 부모도 성격의 유연성이 부족한 자녀로 키우기 쉽다. 통제형 부모는 자녀를 위한다는 명분 아래 많은 규칙을 정한다. 이것은 아이가 스스로 탐색하는 것을 막아 진정한 자아를 발달시키기 어렵게 한다. 여러 가지 다양한 외부 환경과 맞닥뜨렸을 때 아이는 독립적으로 대응할 능력이 부족해 주로 부모의 의견에 의존하는 경향을 보인다. 이런 상태가 계속되면 아이도 유연성 높은 성격으로 성장하기 어려워진다.

결국 한 사람의 성격이 얼마나 유연한지는 자아가 잘 발달되어 있는지에 달려 있다. 자아가 충분히 발달했다면 성격 유연성이 비교적 높을 것이고, 반대로 성장 과정에서 자아가 억압되고 제한되었다면 성격 유연성은 상대적으로 낮을 것이다.

## 성격 유연성을 향상시키는 방법

"행복한 어린 시절은 평생을 치유하지만, 불행한 어린 시절은 치유하는 데 평생이 걸린다."

이 유명한 속담은 타당성이 있지만, 다음과 같은 사실도 알아야 한다. 인간 발달은 적극성을 발휘함으로써 얼마든지 바꿀 수 있다는 것을.

어린 시절이 우리의 삶을 완전히 결정하지는 못한다. 우리는 후천적인 노력으로 성격 유연성을 꾸준히 향상시킬 수 있다. 다음 두 가지만 명심하면 된다.

### (1) 마음의 방어를 내려놓아라

성격 유연성이 부족한 사람은 일반적으로 자기 생각과 행동에 집착하고 고유한 행동 패턴을 바꾸려고 하지 않는다. 성격 유연성을 높이려면 먼저 자기방어를 내려놓고 마음의 '높은 벽'을 허물어야 한다. 우선 방어기제를 제거하는 데 도움이 되는 활동에 참여할 수 있다. 예를 들어 춤이나 요가처럼 온몸을 스트레칭하면 긴장이 풀려 감정이 진정되고 그러면 다른 사람들과 더 잘 어울리는 데 도움이 된다.

### (2) 공감 능력이 뛰어난 사람들과 어울려라

공감 능력이 뛰어난 사람 앞에서 우리는 더 쉽게 '보이고', '받아들여'진다. 그들과 함께 지내면서 우리 안에 있는 본연의 자아는 점점 변해서 더 완벽한 자아로 발전할 수 있다.

우리와 공감할 수 있는 사람은 심리상담사일 수도 있고 가까운 선배나 친구일 수도 있다. 누구든 이런 사람을 찾으면 그 사람과 오랫동안 관계를 맺고 치유받으려 노력한다.

성격 유연성을 높이는 가장 큰 의미는 무엇일까? 나는 우리 마음속에 더 많은 연민과 사랑을 느끼고, 다른 사람과 교제할 때 타인과 자신에게 상처를 주지 않는 것에 있다고 생각한다.

사실 자신을 부정하는 것은 '존재의 경계',
즉, 자신의 존재를 인식하는 능력을 상실했다는 의미다.
그러므로 다른 사람의 말이나 행동이 날카로운 무기가 되어
자신의 세계를 침범하는 것처럼 느껴진다.

PART 3

# 경계 의식
## 내 중심을 잡으면 휘둘리지 않아요

'공격자와 동일시'하는 방어기제에서 벗어나지 못하고 뚜렷한 경계 의식을 구축하지 못하면 우리 삶은 그야말로 재앙이 될 수 있다. 경계 의식이 부족한 사람은 자신을 보호할 능력이 없기 때문이다. 무조건 참고 양보하고 타협하는 방법으로 자신을 내버려 두는 것은 결국 다른 사람이 마음대로 쳐들어오도록 문을 열어두는 꼴이다.

# 경계 의식이 부족한 관계는
# 재앙이다

## 폭력의 대물림, 공격자와 동일시

영이는 조금 특수한 가정에서 태어났다. 그녀의 아버지는 몸이 불편한 장애인이었고, 어머니는 외진 시골에서 낯선 도시로 시집을 왔다. 사랑으로 맺어진 관계가 아니었기에 결혼한 후에도 나름의 문제가 있었다. 특히 그녀의 어머니는 아름다운 외모 때문에 이미 기혼자였음에도 많은 남자로부터 구애를 받았다.

결혼한 지 얼마 되지 않아 어머니는 장애인 남편과 이혼하고 새 삶을 찾아 떠나기로 결심했다. 그런데 그때 영이를 임신한 사실을 알게 됐고 이혼을 단념할 수밖에 없었다.

영이의 존재는 어머니에게 원죄原罪나 다름없었다. 영이가 생기는 바람에 남편을 떠나지 못하고 자신의 운명을 바꿀 기회를 놓쳤다고 생각했다. 이 '원죄'라는 생각 때문에 어머니는 영이에게 가까이 다가가지 않았고 심지어 딸을 미워하기까지 했다. 게다가 장애로 인해 남편이 더는 가족을 부양할 수 없게 되자, 어머니는 가족의 생계를 위해 모든 수고와 무거운 짐을 오롯이 혼자 감당해야 했다. 그러면서 어머니의 마음속 원망도 점점 커져만 갔다.

영이도 선천적으로 예민한 편이라 어머니가 자신을 못마땅해하고 원망하고 있다는 사실을 금방 알아차렸다. 그래서인지 어려서부터 어머니의 눈치를 보고 살살 비위를 맞췄다. 그녀는 여섯 살이 되기도 전에 벌써 어머니를 돕기 위해 간단한 음식 정도는 만들 수 있었다. 그러나 그녀의 이런 노력에도 불구하고 어머니의 태도는 바뀌지 않았고 오히려 비난과 원망의 강도는 점점 거세졌다.

영이의 어린 시절은 자신과 아버지를 향한 어머니의 비난과 원망으로 가득했다. 심지어 그녀 가정의 '메인 레퍼토리'로 자리 잡을 정도였다. 마땅히 피할 곳이 없었기에 어머니의 모든 뾰족한 말과 행동에 그녀가 할 수 있는 것은 무조건 인정하는 것뿐이었다.

그녀는 자라면서 어머니의 원망과 비난, 트집을 그대로 받아들일 수밖에 없었고, '사랑받지 못하는' 감정을 자신의 일부로 내면화했다.

심리학에서는 이러한 현상을 '공격자와 동일시identification with the aggressor'라고 한다. '욕하면서 닮는다'는 말이 있다. 나를 괴롭히고 공격하는 사람의 행동을 따라 하는 등 자기도 모르게 닮아가는 것을 말한다. 자신이 두려워하는 대상의 특징을 따라 하여 두려움을 극복하려는 미성숙한 방어기제 중 하나이다.

공격자와 동일시한다는 것은 자기 자신을 위해 내재화된 경찰을 배치한다는 의미로 이해하면 쉽다. 이 내재화된 경찰은 항상 우리를 감시하며 어린 시절 공격자가 자신을 대할 때의 느낌을 상기시킨다. 자라면서 우리는 점차 자신을 부정하고 비판하는 습관이 생기고 다른 사람의 감정에 극도로 예민하게 반응하며, 다른 사람과 갈등을 일으킬 용기가 없어서 자신이 손해를 보더라도 긴장된 관계를 완화하려고 한다. 또 갈등이 생기면 자신에게서 그 원인을 찾는 사고방식을 가져 모든 일이 자신의 잘못이라고 여긴다.

## 자기 정체성 확립의 어려움

누구든지 성장하려면 '공생→분화→독립'으로 이어지는 과정을 거쳐야 한다. 포대기에 싸인 아기였을 때, 우리는 어머니와 한 몸이나 마찬가지였고 어머니 없이는 결코 살아남을 수 없는 존재였다.

영국의 정신분석학자 도널드 위니콧<sup>Donald Winnicott</sup>은 '아이가 아직 아기일 때 우리가 아기를 언급하려면 불가피하게 아기의 어머니를 언급하게 된다'고 했다. 이 시기의 아기와 어머니는 한 몸을 이룬 공생 관계라고 할 수 있다. 그러다가 점차 자신의 생각이 생기고 어머니의 필요도가 감소하면서 생애 첫 분화 과정을 겪는다. 그리하여 유아기에 '나'를 의식한다. '어머니는 어머니이고 나는 나'라는 사실을 깨닫는다.

이러한 분화는 나이가 들면서 점차 강화된다. 특히 아이가 반항적인 면모를 보이기 시작하는 사춘기 때 절정에 이른다. 이때 자신의 진정한 자아를 다스리고 어머니와의 완전한 분리를 이루려고 한다.

가정에서 부모의 인격이 완벽하고 자녀를 양육하는 방법이 올바르다면 자녀는 잘 자라서 궁극적으로 자아 정체성을 확립하고 개인의 심리적 독립을 실현할 수 있다. 하지만 위의 사례자 영이처럼 불행한 가정에서 태어나면 자기 정체성을 확립하기가 어렵다.

## 나를 미워하는 사람과 공생 관계를 이루다

우리는 다른 사람이 보는 자신의 정체성을 학습을 통해 먼저 내재화한 뒤에 독립적인 자기 정체성을 발전시켜 나간다. 어릴 때부터 가족, 친구, 교사 등 주변 사람들로부터 영향을 받으며 자라기 때문에, 다른 사람들이 보는 우리의 모습과 행동 그리고 우리에 대한 평가 등을 학습하게 된다. 그러나 이후에는 이러한 내면화된 정체성을 바탕으로 자신만의 독립적인 정체성을 발전 시킬 수 있다.

영이처럼 자신을 향한 어머니의 공격을 내면화하다 보면 자기 정체성을 발전시키기 어렵다. 영이가 자신을 인정하려 할 때마 다 폭력적인 어머니의 이미지가 무의식중에 튀어나와 자신을 공 격하게 되는 것이다. 이는 영이에게서 어머니의 이미지가 항상 떠나지 않고 머물러 있어서 어머니와 분리될 수 없다는 뜻이기 도 하다.

내면세계가 어머니와 분리되지 않으면 이런 공생의 감정은 외 부로 투사된다. 엄마로부터 비난을 당한 딸은 그 비난으로부터 자신을 지키기 위해 다른 사람에게 비난을 퍼붓는다. 상사에게 비난받은 남편이 집에 돌아와 아내에게 화를 내는 식이다.

영이는 뚜렷한 경계 의식이 부족했다. 겉으로 보기에는 이미 성숙한 어른이었지만 내면은 항상 인정을 갈구하는 어린 소녀였다. 그녀에게 주위 사람들은 '어머니'를 대신하는 존재였다. 그녀는 자신과 타인을 심리적으로 묶고 '나를 인정해 달라'고 마음속으로 외치고 있었다.

'공격자와 동일시'하는 방어기제에서 벗어나지 못하고 뚜렷한 경계 의식을 구축하지 못하면 우리 삶은 그야말로 재앙의 길을 가게 될 것이다. 경계 의식이 부족한 사람은 자신을 보호할 능력이 없기 때문이다. 무조건 참고 양보하고 타협하는 방법으로 자신을 내버려 두는 것은 결국 다른 사람이 마음대로 쳐들어오도록 문을 열어두는 꼴이다. 심리적으로 자신을 보호하지 못하는 사람은 반드시 현실에서 반복적으로 상처를 입게 된다.

영이에게 어머니의 공격은 사실 일종의 보이지 않는 조종이며, 이 조종에서 벗어나지 못하면 끊임없이 어머니에게 인정을 구할 수밖에 없으며 결국 끝없는 내적 갈등을 초래할 것이다.

## 경계 의식을 뚜렷이 하는 방법

그렇다면 뚜렷한 경계 의식을 세우는 방법은 무엇일까?

### (1) '아니요'라고 말하라

다른 사람에게 '아니요'라고 말할 수 있어야 한다. 자신이 해야 할 일이 무엇인지 판단하는 유일한 방법은 자신의 감정을 존중하는 것뿐이다.

### (2) 외부에 투사되는 자신의 모습을 점검하라

우리가 이 세상과 관계를 맺는 것은 투사 방식을 통해서이다. 간단히 말해서 '투사'는 '내가 생각하는 것'을 말한다. 우리가 생각하는 것이 반드시 진실이 아닐 때가 많기 때문에 일이 생길 때마다 '정말 그런가?'라고 자문해 보아야 한다.

### (3) 중요한 것은 '틀려도 괜찮다'는 신념이다

완전한 자기 수용을 이루기 위해서는 핵심 자아를 확립해야 한다. 자신의 실수를 허용할 줄 아는 사람이라면 다른 사람이 우리에게 영향을 주는 것도, 우리의 경계를 허무는 것도 어렵다.

성장 과정에서 우리는 어쩔 수 없이 원가족의 흔적을 짊어지게 되는데 그 흔적에 얽매이면 매우 고단한 삶을 살게 된다. 또한 진정한 자신으로 살아가기도 힘들다. 우리가 처한 상황을 명확하게 보고 이러한 속박을 용감하게 돌파해야만 진정 새로운 삶을 살 수 있다.

# 도둑맞은
# 내 인생을 되찾아라

## 부모의 과도한 통제와 간섭

주변 친구들이 일자리를 구하느라 애쓸 때 대학원 졸업을 앞둔 주연은 생애 첫 직장으로 출근할 준비를 마친 상태였다. 그의 첫 직장은 업무도 안정적이고 연봉도 높은 공공기관이었다.

사실 주연은 큰 노력 없이 일자리를 구했다. 여기에는 부모님의 공이 컸다. 부모님의 지원은 그에게 없어서는 안 될 중요한 요소였다. 직장을 구하고 난 뒤 부모님은 그에게 또다른 열쇠를 주었다. 방 3개와 거실 1개가 있는 새집이었다.

부모님의 졸업 선물이었다.

친구들 눈에 주연은 인생의 진짜 승자이자 그야말로 금수저가 따로 없었다. 그들이 평생 걱정해야 하는 좋은 직장과 새집을 주연은 아주 손쉽게 얻었다. 그러나 사람들이 부러워하는 모든 것이 주연에게는 '매우 지루하게' 느껴졌다. 그는 대부분 시간을 집에서 온라인 게임을 하며 보냈다. 그러다 가끔 밖에 나와서 주변 친구들이 바쁘게 살아가는 모습을 부러운 시선으로 바라보았다.

'나는 친구들이 원하는 것을 다 얻었는데, 왜 아무런 느낌이 없지?', '전혀 행복하지 않은데, 대체 왜 그럴까?'

상담실을 찾은 주연은 자신이 왜 이러는지 궁금해했다.

주연은 사는 것이 행복하지 않을 뿐만 아니라 자신이 싫어하는 게 여전히 많다는 사실을 알게 됐다. 특히 그녀는 여러 사람과 어울려 교제하는 것을 싫어했다. 친구들은 생일이나 기념일, 명절이 되면 파티를 열거나 모여서 즐거운 시간을 보냈지만 그녀는 그렇지 않았다.

모든 파티나 모임이 끝나고 집에 돌아갈 때마다 그녀는 너무 지루하고 허무하게 느껴졌다. 차라리 혼자 게임을 하는 편이 훨씬 낫다고 생각했다.

아무튼 다른 사람이 보기에 그는 먹고살 걱정도 없고 친구도 많아서 잘 지내는 것처럼 보였지만, 그녀는 이미 오래전부터 자신이 가진 것에 무감각해졌고 인생 자체에 흥미를 느끼지 못했다.

누군가에게 선물을 받아 본 경험은 다 있을 것이다. 일반적으로 선물을 받으면 기분 좋고 행복해진다. 그런데 주연은 부모님께 '새집'이라는 어마어마한 선물을 받고도 왜 아무런 느낌이 없을까? 답은 간단하다. 주연은 지금까지 너무 많은 선물을 받았기 때문이다. 받은 선물이 많다는 것은 부모님이 그의 삶에 그만큼 개입을 많이 했다-직장이든, 집이든-는 의미로도 해석할 수 있다. 주연의 삶이 부모에 의해 통제받게 되면, 그는 더 이상 자신의 삶을 통제할 수 없게 된다. 그러면 자신의 세계에서도 스스로 '아무짝에도 쓸모없는 사람'으로 느끼게 된다.

모든 게 완벽해 보이지만 실제로는 부모의 과도한 통제이자 간섭이며, 이로 인해 주연은 자신의 무가치와 무기력감을 경험하게 되는 것이다.

우리는 태어날 때부터 자신의 가치를 추구하며 살아간다. 만약 그가 항상 무가치감에 둘러싸여서 자신이 무능하고 쓸모없는 사람이라고 느낀다면 어떻게 행복하게 살아갈 수 있겠는가?

## 내 인생의 주도권을 찾아라

'심리적 주동성'이라는 개념은 우리가 자신의 인생에 얼마나 주도권을 쥐고 있는지를 말한다. 누가 인생의 설계자이고 건설자이며 수혜자인지 정확히 알고 있어야 한다는 의미다.

많은 부모가 매우 진취적이며 밝고 열정적이고 에너지 넘치는 모습을 보여 주지만 실제로 매우 수동적인 인생을 살고 있다. 자신이 이루지 못한 꿈을 자녀가 대신 실현해 주기를 간절히 바라면서 말이다.

어렸을 때 우리는 부모의 기대를 감당해야 했다. 그때는 개인적인 의지가 부족했기 때문에 부모의 뜻에 따를 수밖에 없었다. 그리고 스스로 결정을 내릴 수 있을 때는 이미 자신의 가치가 다른 사람의 욕구를 충족시키는 데 있다는 심리적 인식을 습득한 뒤여서 자신의 결정과 뜻을 무시하거나 외면해 버린다.

이러한 잘못된 인식은 성인이 된 후에도 깊은 불안정함을 경험하게 한다. 이는 자신의 삶과 자아에 대한 통제력을 상실하여 깊은 실망과 원망을 느끼기 때문이다.

상담을 하면서 주연은 대학원 진학과 직장 생활, 심지어 친구 관계까지 모든 것이 어머니의 꿈을 이루는 과정이었음을 알게 됐다. 그는 자신의 인생을 사는 것이 아니라 그저 어머니의 꿈을 이루는 '도구'로 전락하고 말았던 것이다.

사람의 가장 근본적인 심리적 욕구는 자기 가치를 인정받는 것이다. 즉, 우리는 자신을 위해 살고, 자신의 인생을 책임질 수 있길 원한다. 자신의 삶과 자아에 대한 통제력을 회복해야 내면의 활력과 창의력을 발산할 수 있다. 또한 자신의 운명을 스스로 개척하고 자유로운 삶을 살아갈 수 있다.

주연에게 자신의 가치는 이미 어머니를 만족시키는 과정에서 무너졌고, 그녀는 수동적으로 어머니의 기대에 맞춰 살아갈 수밖에 없었다. 주연은 이미 현재의 인생이 자기 것이 아님을 알았기 때문에 살아가는 데 주동적 의지를 조금도 찾아볼 수 없었다.

## 부모의 기대에 자신을 끼워 맞추다

인생을 '빼앗긴' 주연은 어머니의 기대를 만족시키면서 가치 의존도를 형성했다. 그에게 어머니의 요구대로 사는 것이 그리 행복한 일은 아니지만 그렇다고 재앙 수준의 최악을 낳은 것은 아니다. 하지만 어머니의 요구를 따르지 않으면 어쩌면 재앙 이상의 감당할 수 없는 결과를 초래할지도 모른다. 주연의 자기 가치는 오랫동안 어머니의 기대를 충족시키는 데 익숙해 있어서 여기서 벗어나면 본능적으로 자신의 가치를 의심했다. 누군가

주연에게 원하는 대로 인생을 선택할 수 있다고 했을 때 그가 보인 반응은 위축과 회피였다. 그리고 나서 조심스럽게 자문하곤 했다.

"내가 정말 그래도 될까?"

그래서 주연은 사람을 만나는 게 싫어도 억지로 좋은 이미지를 유지하려고 했고, 부모님이 정한 직업이 마음에 들지 않더라도 감히 어머니의 뜻을 거스르지 않고 정말 자신이 좋아하는 일을 찾아 나서지 않았다. 그는 이토록 수동적이고 고통스럽게 어머니의 기대에 자신을 끼워 맞췄다.

## 도둑맞은 삶을 되찾기 위한 대가

어떻게 하면 무감각한 삶을 바꾸고 무가치감에서 벗어날 수 있을까? 주연이 해야 할 일은 자신의 인생에서 주도권을 잡는 것이다. 주연이 더 이상 어머니의 기대에 부응하기 위해 살지 않겠다고 말한다면 어머니는 그녀를 이해하지 못하거나 어쩌면 "이런 불효자 같으니라고, 내가 지금까지 너를 어떻게 키웠는데! 이게 나 좋자고 한 일이니? 다 널 위해서지!"라며 화를 낼 게 불보듯 뻔하다.

주연이 원하는 것은 심리적 만족이지만 어머니는 그에게 물질적인 만족만 줄 뿐이었다. 원하는 바가 서로 일치하지 않다 보니 진정한 의사소통에도 어려움이 있고 무엇보다 정작 어머니 자신이 그녀의 인생을 빼앗았다고 생각하지 않는 것이 큰 문제였다.

인생의 주도권을 잡으려면 인생의 설계자와 건축자, 수혜자가 완전한 일체를 이루어야 한다. 그중 가장 어려운 점은 자기 인생의 수혜자가 바로 자신임을 인정하는 것이다. 이것은 잠재의식 깊숙이 자리 잡은 죄책감, 수치심, 두려움 같은 부정적 감정을 다루어야 하기 때문에 가장 어렵다.

다시 말해서, 주연에게 가장 중요한 것은 자신이 바로 인생의 수혜자라는 것을 담대하게 인정하는 것이다. 이것은 그가 어머니의 뜻을 거스르고 진정으로 자신을 위해 행복해질 수 있는 일을 해야 한다는 것을 의미한다. 그녀가 행복해지는 데 지불해야 하는 대가는 어머니와 완벽하게 분리되고 어머니의 보호막을 뚫고 나오는 것이다.

### 내 인생은 내가 선택한다

청춘들의 방황과 성장을 그린 드라마 「스물다섯 스물하나」에는 더 이상 펜싱이 즐겁지 않다며 펜싱을 포기하겠다는 후배 펜싱 선수 이예지의 이야기가 나온다. 코치는 "펜싱을 그만두고 다른 인생을 살고 싶으면 네 의지를 증명해 봐."라며 예지가 전국 대회 8강에 진출한다면 펜싱부 탈퇴를 허가하겠다고 조건을 내

걸었다. 이에 예지는 펜싱부 탈퇴를 위해 특훈에 들어갔고 마침내 전국대회 8강에 진출했다. 그러자 코치가 말했다.

"넌 이미 8강에 진출했어. 목표는 달성했고, 오늘이 네 인생의 마지막 펜싱인데, 4강은 한번 가 봐야지?"

그러자 예지는 "아니요, 코치님. 저 기권하겠습니다. 여기 있는 선수들은 저보다 더 간절한 사람들이잖아요. 그 사람들의 기회를 뺏고 싶지 않아요. 제 인생에서 펜싱은 이만하면 됐습니다."라고 말했다.

모든 사람은 자신의 인생을 스스로 통제할 수 있고 진짜 행복해지는 일을 선택할 수 있다. 이제 타인에게 의존하는 삶을 작별하고, 자신이야말로 인생의 설계자이자 건설자, 수혜자라는 사실을 확실히 깨닫고 자기만의 인생을 만들어 가자.

# 솔직함인가,
# 무례함인가

## 남에게 상처 주는 솔직함

수희는 위챗 모먼트(Wechat Moment, 글과 사진을 올리는 곳)에서 '멸절사태(드라마에 나오는 캐릭터로 인정사정없는 성격에 냉혹하고 무자비함)'라는 닉네임을 사용한다. 그녀의 성격이 캐릭터와 비슷해서라기보다는 종종 그녀가 내뱉는 말들이 주변 사람들에게 치명적일 때가 있어서 친구들이 붙여 준 별명이다.

한번은 친구들과 메신저로 언제 모임을 할지 의견을 나누게 되었다. 여러 사람이 모여서 제각각 의견을 내다 보니 한 시간이 지나도록 결론을 내지 못했다. 결국 보다 못한 그녀가 자신은 모임에 가지 않겠다고 선언하며 일침을 가했다.

"너희들 왜 이렇게 질질 끄냐? 소중한 시간을 이렇게 낭비하다니!"

그녀는 모임에 지각하는 사람이 있으면 그게 누구든 "약속 시각을 지키는 것은 가장 기본적인 소양이에요. 당신처럼 지각하는 사람이 어떻게 사회생활을 하는지 의문이네요."라며 단도직입적으로 말했다. 물론 악의는 없지만 어떻게 보면 다소 무례해 보이기도 하고 상대방을 더없이 민망하고 비참하게 만들 수 있다.

그녀가 결혼하지 않고 계속 혼자 지내자 친구가 좋은 마음으로 조언을 했다. "이제 너도 30대인데, 좋은 남자 만나서 연애라도 해야지. 혼자 있으면 너무 외롭잖아."

그녀는 어이없다는 듯 대답했다. "내 걱정은 안 해도 돼. 너는 싱글이 얼마나 홀가분한지 모를 거야. 이렇게 좋은데 남자가 왜 필요하겠어!"

아무튼 그녀가 입을 열 때마다 다들 어떻게 대답해야 할지 난감했다. 이대로는 안 되겠다 싶었는지 그녀의 친한 친구가 진심 어린 충고를 해 줬다.

"네가 솔직하고 입바른 소리를 하는 게 나쁘다는 게 아니야. 하지만 모든 사람이 네 화법을 받아들일 수 있는 건 아니니까 말을 할 때 다른 사람의 감정을 좀 고려해 줬으면 좋겠어."

이 말을 들은 그녀는 오히려 서럽고 분했다.

"나는 있는 그대로 사실만을 말하는걸. 솔직하게 말하는 것뿐인데, 그게 뭐가 잘못됐다는 거야?"

심리학에서 언어는 한 사람의 내면을 반영한다. 언어의 내용과 표현 방식은 모두 그 사람의 내적 심리 활동을 명확하게 전달한다. 그렇다면 솔직한 직언은 어떻게 이해하면 좋을까?

## 직설적 소통이 담고 있는 세 가지 의미

우리는 종종 시원시원하고 솔직한 사람의 성격을 '직설적'이라고 표현한다. 하지만 심리학의 정신역동$^{psychodynamic}$적 관점에서 보면 '직설적'인 소통 방식은 적어도 다음 세 가지의 의미를 담고 있다.

## (1) '당신을 보고 싶지도, 이해하고 싶지도 않다'는 말의 다른 표현

독립적인 인격을 갖기 위해서는 자신의 감정과 생각을 표현할 수 있어야 한다. 그러나 감정이나 생각을 표현할 때 상대방의 감정을 전혀 고려하지 않는다면 그것은 상대방을 이해하고 공감하겠다는 마음이 없다는 뜻이나 마찬가지다. 성장 과정에서 지지와 이해를 받지 못한 사람은 마음속에 억울함이 쌓이고, 이로 인해 많은 심리적 에너지를 소비한다. 그래서 그들은 다른 사람을 이해하고 지지할 만한 충분한 에너지가 없을 수 있다.

## (2) '나 좀 봐 줘'라는 말의 다른 표현

인간은 상대방이 자신을 알아봐 주고 눈길을 주기를 바라는 심리적 욕구가 있다. 우리를 '봐 달라는 것'은 '당신은 내 어두운 세계를 비추는 한 줄기 빛과 같아요'라는 의미다. 우리는 누군가가 자신의 불완전함을 받아들여 주길 갈망하고 온기와 힘을 북돋아 줄 뿐만 아니라 활력과 생기를 불어넣어 주기를 바란다.

어려서부터 부모에게 완전히 수용되지 못한 아이는 평생 다른 사람의 눈에 띄고 인정받기 위해 애를 쓸 것이다. 솔직하게 직언한다는 것은 모두 남들에게 보이기 위한 노력이라고 할 수 있다. 여기에 숨겨진 의미는 '나는 솔직하고 완벽하지 않아요. 조금은

얄미울 수도 있어요. 하지만 이게 저예요. 그런 나를 받아주길
바라요'다.

### (3) '당신을 공격할 거야'의 다른 표현

불만이 많을 뿐만 아니라 부모에게 인정받지 못한 아이는 마음 깊은 곳에 분노가 쌓여 있지만 부모를 향한 본능적인 사랑 때문에 부정적 감정을 억누른다. 이렇게 억눌린 감정은 쉽게 사라지지 않고 훗날 살아가면서 분출구를 찾아 헤맨다.

'솔직하다'는 말이 불편한 이유는 본질적으로 공격성을 띠기 때문이다. 이러한 공격성은 기존에 쌓인 부정적 감정에서 비롯한다. 잠재의식 속에 불만과 분노가 가득 차 있는 사람은 행동할 때 공격적인 성향을 보인다.

#### 마음속 불만과 불안을 조절하는 것이 우선이다

성숙한 사람은 심리적 경계가 명확하여 솔직하게 자신을 표현하고 다른 사람의 감정을 잘 살필 줄 안다. 또한 자신을 편안하게 할 뿐만 아니라 다른 사람도 편안하게 해 준다. 그래서인지 솔직하게 있는 그대로 말하는 것은 심리적 경계가 명확하지 않다는 것을 보여 줄 때가 많다. 물론 그렇다고 해서 '솔직하게 직언하는 것'이 아무 소용이 없다는 말은 아니다.

단도직입적으로 본론에 접근하고 직설적으로 말하는 사람은 사람들 사이에서 진정성이 있다며 호감을 살 때도 많다. 하지만 다른 사람의 감정을 배려하지 않고 거침없이 말하는 사람이 자신의 표현 방식을 조절해서 좀 더 우호적이고 친근하게 접근하면 분명히 더 원만한 인간관계를 맺을 수 있다.

어떻게 표현 방식을 조절할 수 있을까? 먼저 마음속에 자리한 불만과 분노를 표현해 보자. 가까운 친구에게 불행한 어린 시절의 경험을 털어놓거나 상처를 준 사람에게 편지를 쓰는 것도 마음을 치유하는 좋은 방법이다. 그 과정에서 감정이 풀어지는 자유를 느낄 수 있다.

그리고 천천히 말하는 법을 배우도록 하자. 천천히 말하려고 노력하고, 말하기 전에 누군가가 나와 같은 방식으로 말한다면 기분이 어떨지 생각해 보자. 이렇게 상대방의 처지에서 생각해 보면 다른 사람의 감정을 더 잘 이해할 수 있고 쓸데없는 직언이나 지나친 솔직함으로 상처를 주는 일을 피할 수 있다.

마지막으로 매일 세 사람씩 칭찬해 보자. 어린 시절의 트라우마는 우리를 암흑의 세계에 머물게 한다. 이런 부정적 감정에서 벗어나기 위해 매일 누군가를 칭찬해 보자. 칭찬은 '너 진짜 대단해!'라는 인사치례로 하는 게 아니라 상대방의 장점을 구체적이고 진심으로 인정해 주는 것이다.

상대의 장점을 볼 수 있고 칭찬을 표현할 수 있다는 것은 긍정적인 사고를 한다는 뜻이다. 이런 긍정적 사고는 우리를 트라우마에서 벗어나게 하고 자신의 아름다움을 느낄 수 있게 한다.

# 치명적인 감정,
## 병적 수치심을 없애는 방법

### 나를 갉아먹는 소심함과 자기 의심

상황 1 은혜는 아침에 출근할 때 엘리베이터 입구에서 우연히 직속 상관과 마주쳤다. 먼저 인사를 해야 할지 말지 망설이다가 인파에 휩쓸려 엘리베이터 구석으로 밀려 들어갔다. 내심 먼저 인사를 하지 않은 것이 마음에 걸려서 엘리베이터를 내리기 전까지 마음이 불편했다.

상황 2 책상에 앉아서 일하던 은혜는 우연히 대각선 쪽에 앉은 동료 두 명이 웃으면서 무언가를 의논하는 것을 보고 무의식적으로 고개를 숙여서 옷차림을 확인했다. 그녀는 항상 그런 대화들이 자신을 놀리거나 비웃는 거라고 느끼곤 했다.

상황 3 대표가 은혜를 사무실로 불러서 어제 제출한 보고서에 오류가 있다고 지적했다. 그녀는 자신이 제대로 하는 게 아무것도 없는 것 같고 쓸모없는 사람이라는 생각에 자기 의심에 빠졌다. 그리고 혹시라도 대표가 자신에게 실망하진 않았을지, 앞으로 일을 계속할 수 있을지 온갖 걱정이 꼬리를 물고 밀려왔다.

위 세 가지 상황은 은혜의 직장 내 일상이다. 그녀는 왠지 모르게 늘 일하면서 사소한 일로 하루 종일 불안해 좌불안석이라고 했다.

## 불안에 숨어 있는 병적인 수치심

은혜의 불안은 수치심과 관련이 있다. 살다 보면 많은 사람 앞에서 망신을 당하거나 공개적으로 고백했다가 거절당할 때처럼 수치심을 느끼는 경험을 한다. 수치심을 느끼는 것은 지극히 정상적인 감정 반응이다.

그러나 은혜처럼 일상 업무와 생활에서 늘 '수치심'에 시달리느라 하루 종일 불안에 떨고 자신을 부정적으로 평가하고 바라 바라 보는 현상을 심리학에서 '병적 수치심'이라고 한다.

병적 수치심이 있는 사람은 자신의 존재 자체가 실수이자 수치라고 생각한다. 이런 뿌리 깊은 인식 아래 부정적인 자기 인식이 파생되어 맹목적으로 자신을 비하하고 '나는 쓸모없는 사람이야.', '나는 비난받을 만해.' 등 자신의 단점을 과장한다.

또한 이들은 모든 면에서 항상 자신을 부정한다. 남들이 보기에는 장점이 많고 충분히 빛나는 사람임에도 불구하고 습관적으로 자신을 부정하고 자신의 장점을 무시하며 단점에만 집중한다. 때로는 환경에 잘 적응하기 위해 최대한 자신 있게 보이려고 노력하지만, 내면의 불안함을 감추지 못한다.

사실 자신을 부정하는 것은 '존재의 경계', 즉 자신의 존재를 인식하는 능력을 상실했다는 의미다. 그러므로 다른 사람의 말이나 행동이 날카로운 무기가 되어 자신의 세계를 침범하는 것처럼 느껴진다.

## 늘 내가 부족하다는 생각에 빠지다

프로이트의 성격 구조 이론에 따르면, 완전한 성격 구조를 '원초아id와 자아ego, 초자아superego' 등 세 부분으로 구분한다.

원초아는 본능적인 갈망과 욕망의 지배를 받고 쾌락을 추구하며, 현실을 고려하지 않고 오직 욕망 충족에 집중한다. 초자아는 도덕의 지배를 받고 이상理想을 추구하며 자아의 표본(즉, 양심과 자아 이상)을 통해 행동 기준을 정한다. 자아는 현실을 직시하고 현실을 추구하며, 원초아와 초자아의 요구를 조정함으로써 둘 다 만족시키는 역할을 한다.

병적 수치심이 있는 사람은 자아가 약하기 때문에 항상 자신의 부족함을 민감하게 느낀다. 살면서 겪을 모든 좌절에 대처하기 위해 그들은 매우 이상적인 초자아를 발달시켜 자신이 완벽하고 전능하다는 환상을 품는다. 마치 심연에 갇힌 사람의 자아가 "난 망했어. 여기서 절대 벗어날 수 없을 거야!"라고 외치는 것 같지만 그의 초자아는 "당신은 신처럼 위대하니까 모든 고난을 뛰어넘을 수 있어!"라고 외치는 것이다.

병적 수치심이 있는 사람들은 끊임없이 자신을 부정하면서 동시에 '완벽한 자아'에 대한 욕구를 강화한다. 그들은 완벽하지 않으면 영원히 수치심에서 빠져나올 수 없다고 생각한다. 그러나 완벽을 추구할수록 단점을 발견하게 되고, 이로 인해 자신에 대한 부정과 공격은 더욱 강화된다. 이런 모순되고 병적인 성격은 그들을 늘 무력감과 절망으로 밀어 넣는다.

## 수치심 회복탄력성 키우기

병적 수치심에서 벗어나려면 어떻게 해야 할까? 먼저 자기만의 '존재의 경계'를 세워 근본적으로 자기 존재의 합리성을 인정해야 한다. 우리는 나약할 때가 많고, 할 수 없는 일이 많고, 남보다 못한 부분이 많다는 것을 잘 알고 있다. 하지만 이 모든 것은 상관없다. 우리는 여전히 우리만의 고유한 가치를 가지고 있기 때문이다.

이스라엘 작가 유발 하라리<sup>Yuval Noah Harari</sup>는 저서 『사피엔스』에서 아주 흥미로운 관점을 제기했다. 그는 호모 사피엔스가 진화에서 승리하고 마침내 먹이 사슬의 정점에 설 수 있었던 이유는 이야기하는 능력, 즉 스토리텔링 능력과 불가분의 관계가 있다고 했다. 인류의 발전 역사와 마찬가지로 개인의 자기계발 역사도 이야기 속에 구축되어 있다.

부정적인 자기 인식은 머릿속에서 자신을 위해 만들어진 이야기이며, 일단 그 이야기를 인정하면 자기 부정과 자기 비하 속에서 계속 발전하다가 결국에는 불행하고 부정적인 삶을 살게 된다.

이제 자신의 머릿속에 있는 이야기를 다시 써야 인생을 바꿀 수 있다. 하지만 결코 쉬운 일은 아니다. 다른 사람이 정한 '원죄', 즉 자신이 나쁘다고 생각하는 것, 자신에게 붙인 부정적 꼬리표에 '내 잘못이 아니야!'라고 자신에게 말하며 원죄에서 벗어나야 하기 때문이다. 더는 자신을 공격하지 않을 때 비로소 자기만의 새로운 이야기를 쓰고 새로운 인생을 온전히 받아들일 수 있다.

# 습관적으로 "좋아요"라고
# 말하는 심리

## 공격적인 행동인 듯 아닌 듯, 수동적 공격

수진은 인간관계에 어려움이 있어 상담실을 찾았다. 그녀는 회사에서 '좋은 사람' TOP 3에 든다고 했다. 얘기를 듣다 보니 '좋은 사람'보다는 '예스맨'에 가까웠다. 예를 들어 그녀가 좋아하지 않는 직원이 하루가 멀다 하고 같이 밥을 먹자, 쇼핑하자고 하는데, 속으로는 가고 싶지 않아도 매번 "좋아요!"라고 승낙한다. 그러니 다른 동료와의 관계나 회사 생활에 대해서는 말할 것도 없었다. 누구든 도움을 청하기만 하면 언제든지 "좋아요!"라며 도와줄 것이다.

나는 그녀가 승낙을 할 때 어떤 기분일지 궁금했다.

"다른 사람을 도와줄 때 행복한가요?"

그녀는 잠시 침묵하더니 진짜 속마음을 꺼내놨다.

"그냥 행복한 척하는 거죠."

깊은 상담을 통해 나는 그녀가 자신을 연기력이 뛰어난 배우로 생각하고 있다는 사실을 알게 됐다. 아무래도 연기를 하다 보면 허점이 드러나기 마련이다. 그녀의 '불행'은 다른 방식으로 드러났다. 그녀가 좋아하지 않는 동료와 쇼핑을 할 때 가끔 농담조로 상대방의 안목이 나쁘고 품위가 없다고 비아냥거리거나 다른 동료들에게 도움을 줄 때도 종종 부주의하게 행동할 때가 많았다.

수진은 불만을 직접 표현하지는 않았지만 매우 소극적이고 은밀한 방식으로 내면의 부정적인 감정을 표현했다. 이러한 그녀의 부정적인 감정을 표현하는 방식을 '수동적 공격passive aggressiveness'이라고 한다.

주변에 별로 마음에 들지 않는 사람이나 일을 할 때, 감정이나 공격성을 간접적으로 드러내 주변 사람들을 당황하게 만드는 사람을 본 적이 있는가? 그들과 함께 지내다 보면 가끔 '내가 뭘 잘

못했나?' 하는 심각한 의구심이 든다. 바로 옆에 그런 사람이 있다면 아마 '수동적 공격' 성향이 있는 사람이다.

## 'No'라고 하지 못하는 사람들

거절할 줄 모르는 사람은 자신의 뜻을 거스르는 고통을 감수해야 한다. 수진이 겪는 인간관계 문제의 근원은 그녀가 거절하지 못하는 데 있다. 다른 사람의 기대에 부응하기 위해 '좋은 사람'이라는 이미지 관리에 공을 들이지만, 정작 내면에 감춰 둔 부정적인 감정은 어쩔 수 없이 터져 나오게 된다.

부정적 감정을 억누를수록 반항심은 더욱 거세진다. 알고 보면 그녀의 마음 깊은 곳에는 '진정한 내가 되고 싶다'는 강한 열망을 품고 있다. 그녀가 'No'라고 명확하게 말할 수 없을 때는 '수동적 공격' 방식으로 거절을 표현할 수밖에 없는데, 그 이면에는 '나를 힘들게 했으니까 나도 가만있지 않을 거야!'라는 생각이 깔려 있다.

'수동적 공격'의 위험은 관계를 파괴할 뿐만 아니라 자신을 향한 일종의 징벌적 조치이기도 하다. 부정적 감정을 직접적이고 정상적으로 표출할 수 없으니 '수동적 공격자'는 오랫동안 부정적 상태에 노출되어 정신 건강에 심각한 영향을 받을 수 있다.

## 수동적 공격의 관계 패턴인지 확인하는 법

다른 사람의 '수동적 공격성'을 식별하는 것은 어렵지 않은데 자신의 수동적 공격성을 파악하기는 어려울 때가 있다. 우리가 '수동적 공격'의 관계 패턴에 빠졌는지 아닌지를 어떻게 판단할 수 있을까?

이에 대해 우리는 생활하면서 다음과 같은 행동 습관이 있는 지 세심하게 살펴볼 필요가 있다.

- 다른 사람에게 불만이 생기면 직접 말하지 않고 뚱한 표정으로 감정을 드러낸다.
- 마음에 들지 않는 사람이 있으면 이유를 설명하지 않고 그 사람을 멀리하거나 소외시킨다.
- 일을 처리할 때 가끔 누군가를 난처하게 하려고 고의로 미루거나 뭉그적거리고 협조하지 않는다.
- 일부러 문을 '쾅' 닫는 등 말 대신 과장된 행동으로 부정적 의사를 표시한다.

위와 비슷한 상황이 있었다면 우리도 '수동적 공격' 방식을 사용하는 데 익숙하다고 할 수 있다.

## 수동적 공격의 악순환에서 벗어나려면

자신에게 '수동적 공격' 성향이 있다는 것을 알았다면 이제 이 바람직하지 않은 행동 방식에서 벗어나는 방법을 배워야 한다.

**첫째, 자신의 감정을 인지하는 능력을 향상시킨다.**

대부분 '수동적 공격'은 자신의 감정을 무시하는 데서 비롯된다. 여기에는 감정 자체를 무시하는 것뿐만 아니라 감정의 근원을 무시하는 것도 포함한다. 감정과 그 발생 과정을 관찰해야만 '수동적 공격' 이면에 있는 욕구를 발견할 수 있고, 스스로 변화하고자 하는 동기부여도 할 수 있다.

**둘째, 자신의 감정을 말로 표현한다.**

우리가 '수동적 공격' 모드를 작동하는 이유는 분명히 내면의 어떤 부정적 감정이 촉발되었기 때문이다. 자신의 이런 감정을 평화롭게 말할 수 있을 때 상대방도 더 쉽게 이해하고 받아들일 수 있다. 많은 심리학 연구에 따르면 의사소통을 할 때 자신의 감정을 솔직하게 표현하는 것은 상호 관계의 발전을 촉진하는 데 매우 중요한 의미가 있다.

**셋째, 원치 않는 다른 사람의 부탁이나 요청을 거절하는 능력을 키운다.**

오랫동안 거절하는 방법을 몰랐기 때문에 주변의 모든 것에 비위를 맞추는 데 익숙해졌고, 그 결과 엄청난 부정적 감정이 주기적으로 축적되었다. 그리고 이런 부정적 감정을 '수동적 공격'의 방식으로 표현했다. 따라서 다른 사람을 거절하는 법을 배우고 자신의 경계 의식을 확립해야만 '수동적 공격'의 악순환에서 벗어날 수 있다.

# 이해한다고
# 쉽게 말하지 마라

## 색안경을 끼고 바라본다

평소 의사소통을 하다 보면 시도 때도 없이 매우 단호한 말투로 상대방을 평가하는 사람들이 있다. 그들은 "너는 꼭…", "너는 틀림없이…", "내가 그랬잖아, …".라는 말을 자주 사용한다.

그들은 마치 상대방을 잘 안다고 생각하지만 실제로 그들은 선생님 노릇을 하고 싶은 것뿐이다. 더 나아가 상대에게 자기 입맛에 맞는 꼬리표를 붙이고 싶은 것이다.

더 견디기 힘든 점은 사실을 밝히거나 반박하면 그들은

오히려 모든 것을 다 안다는 듯한 표정으로 "뭐야, 안 그런 척하지 마!"라고 말하는 것이다. 이러한 말을 듣게 되면 그와 소통하기 힘들다는 것을 깨달으며 하려던 변명을 멈추고 돌아서든지, 씁쓸한 미소를 띠며 "알았어, 알았어. 네 말이 다 맞아."라며 건성으로 대답하게 된다.

심리학의 중요한 개념 중에 '투사projection'가 있다. '투사'란 무슨 뜻일까? 우리의 정신세계는 영사기와 비슷하다. 투사 과정은 조작을 통해 부정적 이미지를 만드는 과정이다. 자신의 생각이나 감정 또는 행동 동기 등을 다른 사람에게 강요하는 것을 '투사'라고 한다.

우리가 아무리 부인해도 자신을 잘 안다고 믿는 사람은 '투사' 게임에서 쉽게 헤어 나오지 못한다. 이들은 자신의 판단과 이해를 굳게 믿기 때문에 자신의 머릿속 필름에 따라 세상을 빨갛게 또는 파랗게 본다. 그래서 필름에 있는 것만 보고 이외의 다른 것은 보지 못한다.

## 나를 보호하기 위한 '투사'라는 방어기제

그들이 왜 인간관계에서 이런 게임을 하는지 의아할 것이다. 그들은 사람을 대할 때 투사 게임을 통해 상대를 평가하기에 이 게임은 그들에게 필수적이다.

어떤 상황에서 우리는 자기 보호 차원에서 '투사'라는 심리적 방어기제를 작동시킨다. 예를 들어 내가 위챗에 글을 몇 개 올렸는데, 그중 성#과 관련된 내용이 있었다. 한 여성 독자가 비공개로 메시지를 남겼는데, 대략적인 의미는 이랬다.

"내가 아는 당신은 우아하고 지적이고 친절한 사람인데, '섹스'라는 저속한 말을 공개적으로 하다니요. 전 당신이 그런 사람이 아니라고 생각해요."

결국 이 독자는 나에게 큰 실망감을 표현하며 팔로우를 끊어버렸다. 분명히 그녀의 눈에는 내가 '분열'되어 보였을 터다. 온화하고 아름다운 면과 저속하고 추악한 면이 있다고 생각한 것이다.

처음에 그녀는 나를 '국민 언니'로 여기고 내 몸이 천사의 광채로 덮여 있다고 생각했다. 이것을 '이상적 투사'라고 하며 사람의 이상적인 자아의 일부를 나타낸다. 또 내가 글에서 '섹스'라는 표현을 쓴 것을 보고 그녀는 내가 저속하기 짝이 없다고 느껐는데, 이것을 '부정적 투사'라고 하며, 받아들일 수 없는 자아의 일부를 대표한다.

이 독자가 나에게 실망한 이유는 그녀가 섹스를 수치스럽고 공개적으로 논의해서는 안 되는 것으로 여겼기 때문이다. 따라서 내 글이 그녀 안의 성적 수치심을 불러일으켰고 이런 감정을 나에게 투사함으로써 자신은 '고급스럽고 우아한 사람'이라는 것을 스스로 확인하면서 자신을 보호한 것이다.


## 투사를 통해 반격하기

우리는 종종 인간관계에서 다른 사람에게 부정적 투사를 받고 이로 인해 강한 좌절감을 느낀다. 어떤 사람은 이런 투사를 받은 후 상대방이나 관계를 공격하는데, 결과는 양쪽 모두에게 지울 수 없는 상처만 남길 뿐이다.

내 친구는 누가 봐도 똑똑하고 유능한 독립적인 여성의 표본이었다. 그러나 남편이 보기에 그녀는 게으르고 줏대 없는 사람으로 비쳤다. 같은 사람인데 왜 이렇게 완전히 상반된 평가를 받는 것일까?

그녀는 남편이 자신을 평가하는 것을 받아들이기 어려웠다. 그런 이유로 자신은 그런 사람이 아니라고 남편과 얼굴을 붉히며 싸우기도 했지만 그녀를 향한 남편의 비하는 멈추지 않았다.

다들 짐작하겠지만 그 결과 집안일을 열심히 하고 매사에 진심이던 그녀는 집에서 '가만히 누워있기'로 했고 그제야 비로소 남편의 '기대'에 진정으로 부응할 수 있었다.

그렇다면 남편이 부지런하고 유능한 그녀를 인정하지 않은 이유는 무엇일까? 알고 보니 두 사람의 결혼 생활에서 그녀는 일찍부터 남편의 업무 능력이 그다지 뛰어나지 않고 다른 면에서도 좋지 않다는 점을 깨달았기 때문에 무의식적으로 남편에게 불만이 많았다. 이런 불만을 한 번도 표출하지 않았지만 오랜 시간이 지나면서 이런 감정이 무의식적으로 하나하나 드러나기 시작했다.

그녀의 남편은 점차 자신이 아내의 눈에 쓸모없는 사람으로 비친다는 것을 깨달았고 그래서 투사를 통해 그녀를 공격하고 그녀의 가치를 '비하'했던 것이다.

위의 사례를 보면 인간관계에서 한쪽이 먼저 공격하고 다른 한쪽은 '자기 보호'를 위해 투사의 방식으로 반격한다는 것을 알 수 있다.

### 잘 안다고 착각하지 마라

이 세상 모든 사람은 하나밖에 없는 아주 특별한 존재다. 선천적인 유전자의 차이 외에도 우리는 다른 가정과 성장 배경, 경험이 있으며, 이 모든 것이 모여서 현재의 모습을 형성한다.

우리는 더 이상 쉽게 "나는 너를 이해해."라고 주관적으로 판단하지 말아야 한다. 진정한 이해는 반드시 깊은 이해와 수용이 바탕이 되어야 한다. 때로는 영혼 없이 그냥 내뱉는 "안 그런 척하지 마, 내가 널 알아."라는 말 대신 "잘은 모르겠지만 천천히 알아가 보고 싶어."라는 솔직한 한마디가 순식간에 두 사람의 관계를 더 가깝게 만들 수 있다.

상대방을 이해하지 못한다고 인정하는 것이 두 사람의 관계에 대한 최고의 존중이다.

# 배우자의
# 휴대전화를 봐도 될까

## 누구에게나 비밀은 있다

한국 영화 「완벽한 타인」의 원작인 이탈리아 영화 「퍼펙트 스트레인저$^{\text{Perfect Strangers}}$」를 살펴보자.

개기 월식이 있던 날, 오랜 친구 사이인 렐레와 코시모, 페페는 로코와 에바 부부의 집들이에 초대받아 오랜만에 한자리에 모였다. 이혼한 페페는 새로 만나는 사람이 있다고 했지만 여자 친구를 데려오지 않았다. 원래 친구들끼리 모이면 일반적으로 항간에 떠도는 가십이나 영양가 없는 잡담을 하면서 시간을 보내곤 하는데, 이들은 그렇지 않았다. 그렇

게 집주인 에바의 사소한 제안으로 '위험한 게임'을 시작한
다. 게임의 규칙은 간단하다. 식사가 끝날 때까지 모두 자신
의 휴대전화를 테이블 위에 올려놓고 그 시간에 오는 모든
전화나 메시지 내용을 공개하는 것이다. 이때 에바의 남편
로크는 게임에 참여하지 않겠다고 반대한다.

만약 우리가 영화 속 주인공 중 한 명이라면 이 게임에 참
여할 의향이 있는가? 나는 대부분 사람이 망설이고 주저하
리라 생각한다. 누구에게나 다른 사람에게 알리고 싶지 않
은 비밀이 있게 마련이니까. 그렇다고 이런 비밀이 반드시
불륜이나 배신처럼 관계를 해치는 것과 관련이 있는 것은
아니다. 그저 다른 사람에게 보여 주고 싶지 않은 우리 자신
의 일부분일 뿐이다.

이 영화에서 초반에 게임 참여를 거부했던 주인공 로크는
결국 모두의 권유로 마지못해 게임에 참여한다. 게임이 진
행되면서 친구들은 로크가 심리 치료를 받고 있다는 비밀을
알게 된다. 이상하게도 심리상담사인 아내 에바조차도 남편
이 심리 치료를 받고 있다는 사실을 전혀 모르고 있었다.

심리 치료를 받는다는 게 부도덕한 일일까? 전혀 그렇지
않다. 하지만 로크에게는 누구와도, 아무리 아내라고 해도

공유하고 싶지 않은 사실일 뿐이다.

진지한 질문을 하나 하겠다.

"밤낮으로 함께 생활하는 배우자에 대해 얼마나 알고 있나요?"

이런 질문을 받으면 많은 사람이 자신의 배우자에 대해 잘 알고 있으며, 심지어 무슨 생각을 하는지조차 안다고 호언장담한다. 하지만 사실을 알고 나면 깜짝 놀랄 것이다.

## 친밀한 관계에 대한 두려움

심리학에서 말하는 '친밀한 관계에 대한 두려움$^{fear\ of\ intimacy}$'에는 크게 두 종류가 있다. 하나는 타인을 잃는 것에 대한 두려움, 즉 상대방에게 버림받을지도 모른다는 두려움이다. 다른 하나는 '자신을 잃는 것에 대한 두려움$^{fear\ of\ losing\ self}$'으로, 자신의 정체성과 자율성 등을 잃을지도 모른다는 두려움이다.

남녀가 부부관계를 맺으려면 서로의 경계를 허물고 서로 하나가 되는 과정을 거쳐야 한다. 이 과정에서 우리는 자신을 잃는 것에 대한 두려움을 느끼지 않기 위해 다양한 방법으로 자기만을 위한 사적인 심리 공간을 만든다. 예를 들어 좋아하는 이성의

SNS 게시물에 항상 '좋아요'를 누르고, 정기적으로 부모님께 용돈을 보내고, 친한 친구를 찾아가 속마음을 털어놓는 등 많은 일을 하지만, 불필요한 오해와 분쟁을 피하기 위해 굳이 배우자에게 알리지는 않는다. 이는 물론 배신과는 무관하며, 단지 '나 자신이 될 권리'가 있다는 것을 상징할 뿐이다.

따라서 배우자의 휴대전화를 확인하고자 하는 것은 사실 상대방의 사적인 심리 공간을 침범하여 그(그녀)가 '자신이 될 권리'를 박탈하는 셈이다. 상대방이 겉으로는 불만을 나타내지 않더라도 속으로는 침범당하고 박탈당했다는 불쾌한 경험으로 남게 된다. 이것은 더 깊은 차원에서 서로의 친밀한 관계를 파괴할 수 있다.

## 다른 사람에게 들키고 싶지 않은 못난 모습

다시 영화 이야기로 돌아가 보자. 영화 속 일곱 명의 친구 중 유일하게 파트너를 데려오지 않은 페페는 다른 세 커플로부터 질타를 받는다.

"야, 여자친구 얼굴 좀 보여 달라는데, 왜 그렇게 비싸게 굴어? 너무 예뻐서 혼자만 보고 싶어서 그러냐? 이런 이기적인 놈!"

친구들의 비아냥에 페페는 난처해하며 여자친구가 함께 오지 못한 갖가지 핑계를 댄다. 그런데 게임 중반쯤 됐을 때 한 남성이 전화를 걸어 페페에게 보고 싶다고 말한다. 결국 페페가 동성애자라는 비밀이 밝혀지고 말았다.

페페의 비밀이 드러나자 어색한 분위기가 감돌았다. 40년 지기 우정이라고 떠들어 대던 친구들이 서로의 성적 취향조차 몰랐다니!

그렇다면 왜 페페는 친구들에게 자신의 비밀을 털어놓지 않고 오히려 거짓말을 해가며 성적 취향을 숨겼을까? 두려웠기 때문이다. 어쩌면 자신을 향한 이상한 시선과 친구들에게 이해받지 못할 거라는 생각, 이 세상의 대부분 사람과 다르다는 이질감이 페페를 불안하게 만들었다.

사실 많은 사람의 내면에는 다른 사람에게 들킬까 봐 두려워하는 자신의 일부, 즉 나약하고 보잘것없고 열등감에 사로잡힌 모습이 있다. 그들은 강하고 자신 있고 인정받는 이미지가 깨지지 않길 바라며 계속 인정받고 받아들여지고 칭찬받고 싶어서 부정적 감정을 스스로 처리하는 것이다.

## 약간의 거리를 두는 것이 좋다

영화 후반은 로크와 페페를 제외한 다른 사람들의 비밀이 폭로되면서 더욱 흥미진진해진다. 에바는 남편의 친구 코시모와 바람을 피우고 있었고, 코시모는 에바와 바람을 피우는 동안 또 다른 여성을 만나고 있었다. 또 다른 부부인 렐레와 카를로타는 각각 다른 이성과 일명 '썸'을 타고 있었다. 한마디로 세 커플의 결혼 생활은 모두 엉망진창이었다.

이 영화는 많은 사람의 결혼에 대한 아름다운 환상과 로망을 무너뜨릴 수 있기에 미혼자들에게 적합하지 않다는 영화평도 있었다. 실제로 많은 사람이 배우자가 자신이나 가정에 관심을 기울이지 않으면 의심을 품고 상대방의 휴대전화를 훔쳐보고 싶어 한다.

상대방의 휴대전화를 봐야 할까, 말아야 할까? 휴대전화를 보려는 목적이 무엇인지 생각해 본 적이 있는가? 상대방에게 새로운 사람이 생겼다는 것을 증명하기 위해서일까? 아니면 마음의 평화를 얻기 위해서일까? 어떤 목적에서든 상대방의 휴대전화를 보는 것은 결혼 생활에서 발생하는 문제를 근본적으로 해결하는 데 도움이 되지 않는다. 오히려 상대방의 사적인 심리 공간을 침해하고, 두 사람의 친밀한 관계를 망칠 수도 있다. 아무리 친밀한 사이라도 자신의 일부를 보여 주지 않을 권리가 있기 때문이다.

누구나 서로 끊어지지 않는 친밀한 감정을 원하지만, 현실에서의 사랑은 약간의 거리를 유지하는 것이 좋다.

우리는 '거짓 자아'를 통해 세상과 소통한다.
허세를 부리고 일부러 강인한 척, 무관심한 척하고 외면하거나
고개를 빳빳하게 들고 세상의 모든 사람을 내려다본다.
이렇게 하면 누군가 우리를 사랑하고 관심을 기울어주리라 생각한다.

PART 4

# 관계의 실체

친밀한 관계 속에서 더 나은 내가 됩니다

아예 싸우지 않는 관계도, 자주 다투는 관계도 모두 좋은 관계는 아니다. 제대로 싸우는 방법을 알아야 좋은 관계를 맺고 또 유지할 수 있다. 제대로 싸우는 방법을 배우면 우리는 친밀한 관계에서 더 나은 자신이 될 수 있다.

# 제대로
# 싸우는 방법

## 갈등이 곧 파멸 같은 사람들

요즘 들어 소연은 퇴사해야 할지 말아야 할지 고민이다. 입사 후 지금까지 그녀는 회사 대표와 부딪치는 일이 잦았다. 의견충돌로 언제나 엄청난 스트레스에 시달려야만 했다.

회의 중에 대표와 의견 차가 있다는 것을 확인할 때마다 논리적으로 따져서 이길 자신이 없었기 때문에 애써 자기 생각을 표현하지 않았다. 그러면서 주변 사람들에게 "그 사람하고는 말도 섞고 싶지 않아!"라고 말하고 다녔다. 사실 '말을 섞고 싶지 않은 것'이 아니라 '의사소통을 할 수 없었던 것'이다.

어린 시절에 실패를 경험하면 문제가 생길 때마다 도망치기 바빴다. 어린 시절에 받은 상처는 미래의 인생에 큰 영향을 미친다.

소연은 갈등이 많은 가정에서 자랐다. 부모님은 거의 매일 싸웠는데 심한 날에는 물리적 폭력으로까지 이어졌다. 아버지의 폭행으로 어머니가 응급실에 실려가 머리를 7~8바늘 꿰맨 적도 있었다.

이런 상황을 목격하면서 자란 어린아이에게 갈등이 어떤 의미로 자리 잡았을지 생각해 보라. 아마 엄청난 두려움으로 다가왔을 것이다. 그 두려움은 아주 일찍부터 그녀의 잠재의식 속에 자리 잡았다.

이런 가정에서 자란 아이는 두려움에서 벗어나기 위해 가장 먼저 도망치는 본능이 작동한다. 그래서 성인이 된 후에도 갈등이 생길라치면 그녀의 잠재의식은 '가능한 한 빨리 도망'치라는 명령을 내린다. 그녀의 관점에서 '상대방과의 의견 대립'은 잠재적 갈등으로 작용하기 때문에 도망치는 것을 선택할 수밖에 없다.

지내다 보면 밖에서든 안에서든 사소한 말다툼이나 갈등도 일으키지 않고 가능하면 모든 갈등을 회피하는 사람들이 있다. 너그럽고 온화해 보여서 얼핏 보면 평화주의자라고 생각하겠지만 실제로는 갈등을 받아들일 수 있는 충분한 심리적 공간이 부족하기 때문이다. 그들이 보기에 갈등은 곧 재난이자 파멸을 의미한다.

심리적으로 갈등을 받아들일 수 없는 사람은 진정한 친밀한 관계를 맺기 어렵다. 친밀한 관계 형성은 두 사람이 서로의 경계를 허물고 하나가 되는 과정이기 때문이다. 갈등과 조정을 통해 원래 독립적이었던 두 개의 원이 서로 중첩되기도 하고, 각자의 고유한 부분도 유지한다.

갈등을 피한다는 것은 마음의 문을 닫고 상대방이 자신의 마음에 들어오는 것을 거절한다는 의미이므로 당연히 다른 사람과 진정한 친밀한 관계를 형성하기 어려울 수밖에 없다.

## 다툼도 친밀한 관계에서 일어난다

친밀한 관계에서 일어나는 다툼은 표면적으로는 관점의 차이로 인한 갈등이다. 하지만 심리학적 관점에서 보면 모든 다툼에는 다음과 같은 많은 심층적인 심리 활동이 내포되어 있다.

## (1) '나의 존재를 알아주세요.'

친밀한 관계는 어린아이와 양육자 관계의 연장선 위에 있다. 이처럼 두 사람은 서로에게 특별한 의미가 있는데, 가장 중요한 점은 '너로 인해 나는 아주 아름다운 존재가 되었다'는 것이다.

개인의 가치관과 인생의 의미 모두 친밀한 관계를 바탕으로 형성된다. 이러한 친밀한 관계는 일단 외부의 위협을 받으면 갈등이 생길 수 있는데, 이 갈등은 '당신은 나에게 매우 중요합니다. 그래서 당신이 나를 사랑하지 않으면 내 삶은 아무 의미가 없습니다'라는 것을 표현한다.

## (2) '나의 필요를 알아주세요.'

친밀한 관계가 형성될 수 있는 이유는 서로를 향한 사랑의 욕구가 있고 그 욕구를 충족시킬 수 있기 때문이다. 서로의 욕구가 균형을 이루지 못하면 갈등이 발생하는데, 이는 일종의 '내 필요를 알아주세요'라고 표현하는 것이다.

많은 부부가 분업해서 집안일을 한다. 남편과 아내 사이에 분업이 명확할수록 오히려 다툼이 잦아진다. 아내는 남편이 집안일을 하지 않는다고 불평하고, 남편은 아내가 아이를 제대로 돌보지 않는다고 질책한다. 사실 남편과 아내 모두 부부 싸움을 통해 자신의 욕구와 필요를 표현하며 상대방에게 이해받기를 바라고 있다.

### (3) '당신과 친해지고 싶어요.'

친밀한 관계에서 다툼은 서로의 경계를 허물고 진정으로 자신을 해방시키는 역할을 한다. 다투는 과정에서 상대방에게 진정한 자아가 받아들여지면 서로의 감정은 깊어지고 관계도 발전하고, 그 반대인 경우 거부당한 슬픔을 느끼고 아픈 상처로 남는다. 어쨌든 다툼은 상대방과 가까워지고 싶다는 잠재의식 속 갈망의 표현이다. 가끔 보면 억지로 트집을 잡아서 상대방과 다툴 기회를 찾는 사람도 있다. 이들은 항상 "나를 사랑하긴 해?" 또는 "당신이 정말 싫어. 더 이상 당신과 이야기하고 싶지 않아."라는 말을 입에 달고 산다. 이런 표현 뒤에 숨겨진 진짜 의미는 '당신과 가까워지고 싶다'는 것이다.

친밀한 관계에 있는 두 사람이 서로 다투거나 싸울 수 있다는 것은 그만큼 갈등을 받아들일 능력이 있고, 서로 가까워지고 싶은 강한 욕구가 있다는 것이다. 이런 관계야말로 진짜 건강한 관계다.

### 갈등이 있을 때 대처하는 법

그렇다고 갈등을 조장하려는 것은 아니다. 단지 갈등에도 긍정적인 면이 있다는 것을 잘 이해하기를 바랄 뿐이다. 물론 통제 불가능한 갈등이 빈번하게 일어나면 친밀한 관계를 망칠 수 있다는 것은 부인할 수 없는 사실이다. 그러니 친밀한 관계를 유지하려면 갈등이 있을 때 올바르게 대처해야 한다.

**첫째, 갈등을 피하지 않는다.**

우리가 갈등을 피하려는 까닭은 우리 마음속에 '갈등은 파괴적인 재앙을 가져온다'는 생각이 자리 잡고 있기 때문이다. 갈등의 보편성과 그 이면에 숨겨진 긍정적인 의미를 볼 수 있다면 갈등에 대한 두려움을 버리고 더는 물러서거나 도망가지 않을 것이다.

**둘째, 자신의 심리적 공간을 확장한다.**

즉, 심리적 포용력을 높이는 것이다. 여기서 주의해야 할 점은 자신의 감정을 억지로 참거나 억압하라는 것이 아니라 '피해자 사고방식'을 버리라는 것이다. 갈등이 항상 해가 된다고 생각하지 말고 이 또한 자기표현 방식의 하나라는 사실을 분명히 인식해야 한다. 심리적 포용력을 향상시키기 위해 중요한 점은 자신과 다른 의견과 생각을 포함하여 여러 차이점을 받아들이는 것이다. 그러면 서로를 애써 설득할 필요 없이 그저 존중하기만 하면 된다.

**셋째, 긍정적으로 표현하는 방법을 배운다.**

긍정적인 표현이란 우리의 말과 내면의 생각이 일치한다는 뜻이다. 흔히 볼 수 있는 상황인데, 분명히 서로 아끼고 사랑하는 사이인데 싸움만 시작하면 "가버려. 멀리 사라져 버리면 좋겠어. 영원히 돌아오지 마!"라고 모질게 말하는 사람이 많다. 이런 공격적인 표현은 잠시나마 쾌감을 느끼게 하지만 두 사람의 관계에 엄청난 파괴력을 가져온다.

갈등이 생겼을 때 우리가 가장 먼저 해야 할 일은 물러서거나 도망치는 것이 아니라 갈등 자체가 자기표현의 한 방식이라는 것을 기억하는 것이다. 그다음 자신을 긍정적으로 표현하려고 노력하면 된다.

아예 싸우지 않거나 자주 싸우는 관계는 모두 좋은 관계가 아니다. 제대로 싸우는 방법을 알아야 좋은 관계를 형성하고 또 유지할 수 있다. 제대로 싸우는 방법을 배우면 우리는 친밀한 관계에서 더 나은 자신이 될 수 있다.

# 사랑을 갈구하면서도
# 무심한 척 외면한다

## 주저하고 망설이는 사람들

누군가를 진정으로 사랑하면 어떤 모습일까? 아마 대부분 사람은 친밀함으로 사랑을 표현할 것이다. "우리 아기!", "하루 종일 네 생각뿐이야.", "하루만 못 봐도 보고 싶어."처럼 달콤한 말로 사랑과 그리움을 표현한다. 그런데 사랑을 잘 표현하지 못하는 사람도 있다. 다른 사람과 친밀한 관계를 잘 맺지 못하는 사람은 누군가를 좋아하게 되면 마치 적을 마주한 것처럼 극심한 긴장감과 불안함에 휩싸인다. 상대방에게 메시지를 보내고 싶어도 지웠다 썼다를 하루 종일 반복하다가 끝내 보내기 버튼을 누르지 못한다.

분명히 속으로는 상대방과 더 많은 이야기를 나누고 싶은데 좋아하는 사람 앞에서는 늘 무뚝뚝한 행동만 튀어나오고 이유 없이 자꾸 움츠러들고 피하게 된다. 또 상대방을 전혀 신경 쓰지 않는 척, 무심하게 행동하며 애써 담담한 모습을 보이기도 한다.

그들은 행동이 서툴긴 해도 속마음은 그렇지 않다. 어떻게 사랑하고, 어떻게 아껴 주고, 어떻게 배려하면 좋을지 늘 고민한다. 애석하게도 이 모든 것이 생각에서 그치고 적극적인 행동으로 나오지 않을 뿐이다.

## 중요한 타인과 정서적 관계를 잘 맺지 못한다

심리학에서는 친밀한 관계에서 상대방에게 사랑을 갈구하면서도 회피적이고 수동적으로 행동하는 것을 '회피형 애착'이라고 한다. 회피형 애착은 일반적으로 다른 사람과 깊은 관계 맺기를 피하고, 대개 타인과 감정적으로 가까워지면 불안감을 느끼며, 다른 사람이 자신에게 의지하는 것을 부담스럽게 생각하기도 한다.

그리고 '그녀 앞에만 서면 나는 왜 작아지는가?'라는 노랫말처럼 사랑하는 사람 앞에서 열등감을 느끼고, 항상 주도권을 잡지 못한다고 생각하는 사람들이 있다. 사실, 친밀한 관계에서 적절한 회피는 지극히 정상적인 반응이다. 하지만 상대방이 호감을 보이는 순간 자신의 행동이 의도적으로 멀어지려고 한다면 그것은 사랑에 대한 수줍음 때문일 수도 있지만 자신의 애착 유형에서 이유를 찾을 수도 있다.

'회피형 애착'의 개념은 애착 이론attachment theory에서 비롯된다. 심리학자 존 볼비J. Bowlby의 애착 이론을 바탕으로 발달 심리학자 매리 애인스워스Mary Ainsworth는 영아와 양육자의 상호 작용에 대해 많은 관찰과 추적, 연구, 테스트를 통해 애착 유형에 대한 이론을 만들었다. 애착은 우리가 다른 사람과 갖는 감정적 유대관계를 말한다. 대표적으로 엄마와 아기의 애착 형성이 우리 삶 전반에 중요한 역할을 한다. 이러한 애착에는 '안전형 애착, 불안정형 애착(저항형 애착), 회피형 애착, 혼란형 애착' 등 4가지 유형이 있다.

회피형 애착 유형은 양육자가 옆에 있든 없든 영아가 전혀 개의치 않거나 무관심한 상태를 말한다. 자기만의 세계에 빠져 자리를 떠났던 양육자가 돌아와도 회피하거나 무시하는 경향을 보인다. 우리가 보기에는 양육자와의 정서적 연결을 가만히 끊어낸 것 같지만, 현재 상황에서 심장박동 수와 코르티솔cortisol(외부의 스트레스와 같은 자극에 반응해 분비되는 호르몬) 수치를 측정해 보면 안정형 애착 유형의 영아보다 훨씬 높은 수치를 보인다. 즉, 그들의 불안 지수와 스트레스가 더 높다는 말이다.

정신 역학에서는 이 개념을 확장해 엄마와 아이뿐만 아니라 친밀한 관계에서 이 같은 애착의 특징을 보이는 사람들을 회피형 애착자라고 설명한다.

## 지나치게 가까이 다가오면 피해 버린다

인간은 선천적으로 '친밀감'을 갈망한다. 따뜻한 손길과 뜨거운 포옹은 우리에게 심리적 안정감과 만족감을 가져다주기 때문이다. 연구에 따르면, 잦은 포옹과 스킨십은 스트레스를 줄이는데 효과적일 뿐만 아니라 행복 지수를 올리는 데도 도움이 된다고 한다.

그렇다면 왜 어떤 이들은 무심한 척 친밀한 관계를 피하는 걸까? 어릴 때 엄마나 다른 주 양육자가 아이의 욕구를 제때 충족시켜 준다면 욕구의 긍정적인 피드백을 얻고, 영아와 양육자 관계에서 오는 안정감과 포용력을 느낄 수 있다. 반대로 욕구가 제때 충족되지 않고 무시당했다면 아이는 자신의 욕구가 불합리하다는 부정적인 피드백으로 여겨 자신의 감정을 억압하고 스스로 부정적인 꼬리표를 붙일 것이다.

사랑받기를 갈망하는 것은 인간의 본능이다. 하지만 사랑받지 못할 때 사랑을 갈망하면 오히려 수치심이 느껴진다. 이런 수치심을 피하기 위해 우리는 관심 없는 척하면서 사랑받고 싶은 욕망을 숨긴다.

우리가 인생 초기에 경험하는 것은 평생 살아가면서 갖는 친밀한 관계에 큰 영향을 미친다. 매번 거절당하고 무시당한 경험은 우리 내면에 커다란 균열을 만들고 치유할 수 없는 상처로 남는다. 성인이 된 이후 우리가 사랑의 욕구를 깨달았을 때 잠재의식 속에 있던 수치심도 스멀스멀 고개를 들고 그림자처럼 계속 따라다닌다.

## 사랑을 갈망하면서도 외면하는 회피형 애착자

안정형 애착자에게 사랑은 신뢰와 칭찬, 안정, 소속감을 의미한다. 반면에 회피형 애착자에게 사랑은 수치와 자책, 자기 의심, 자기 부정을 의미한다. 회피형 애착자는 사랑하는 사람에게 사랑을 표현할 때 모든 나쁜 감정들이 사랑과 함께 나타나는데, 이들은 한 번도 진정한 사랑을 받아본 적이 없어 극심한 불안감에 시달리기 때문이다.

진정한 사랑을 받아본 적 없는 사람은 '내가 부족해서 그래.', '내가 나빴어.'라는 생각을 한다. 그들은 어린 시절에 사랑받지 못한 경험이 반복될까 봐 두려워서 '무심한 회피'라는 방어기제를 작동시킨다.

한편, 많은 회피형 애착자들이 친구 관계와 직장 관계는 잘 유지한다. 사회생활만 놓고 보면 '사랑에 서툰 사람'이라고는 좀처럼 믿기 어렵다. 하지만 유독 깊은 관계에서만 그들은 매우 위축되고 무심함과 냉담함으로 일관한다.

이것은 사랑하는 사람 앞에서만 '내가 부족해서 그래'라는 트라우마가 보이는데, 사랑하는 사람 앞에서만 마음속 깊은 곳에 숨겨 두었던 수치심과 두려움이 깨어나기 때문이다. 그들에게 사랑은 욕망이라는 독이다. 그래서 그들은 사랑을 갈망하면서도 사랑을 외면한다.

## 형편없는 자신의 모습이 들킬까 서둘러 도망친다

'사랑받지 못한다'는 씨앗이 우리 내면에 심어지면 뿌리를 내리고 싹을 틔우고 결국 비정상적인 열매를 맺는다. 이 열매들의 이름은 '나는 사랑받을 가치가 없어.', '나는 나빠.' 또는 '그는 나를 사랑하지 않을 거야.', '나는 이렇게 좋은 것과 어울리지 않아.' 등 다양하다.

이 열매의 가장 강력한 독은 우리에게 열등감과 수치심, 나약함을 느끼게 하고 그 누구도 이런 형편없는 자신을 진정으로 받아들여 주지 않을 거라고 확신하게 만드는 것이다. 있는 그대로 자신을 받아들일 거라고 믿지 않기 때문에 무심한 척하는 방법을 취한다.

우리는 '거짓 자아'를 통해 세상과 소통한다. 허세를 부리고 일부러 강인한 척, 무관심한 척하고 외면하거나 고개를 빳빳하게 들고 세상의 모든 사람을 내려다본다. 이렇게 하면 누군가 우리를 사랑하고 관심을 기울여주리라 생각한다. 그러다 정작 누군가가 자신에게 진정한 사랑을 표현하면 이때부터 주저하고 머뭇거리기 시작한다.

그건 상대방이 자신의 거짓 자아를 사랑하고 있다는 사실을 알기 때문에 진정한 자아가 사랑받지 못할까 봐 두려워서이다. 자신의 진짜 모습이 들킬까 두려워 서둘러 도망치고 만다.

## 우리는 충분히 사랑받을 만하다

나는 상담을 진행하면서 종종 내담자와 게임을 하는데, 자신을 포용할 수 있도록 도와주는 게임이다. 어떤 게임인지 함께 살펴보자.

당신은 두 손 가득 풍선을 가득 쥐고 공원 입구에 도착했다. 손에 든 풍선을 보고 그곳에 있던 많은 어린이가 우르르 모여든다. 아이들에게 열심히 풍선을 나누어 주는데, 먼발치에 서 있는 한 아이가 눈에 들어온다. 그 아이는 당신을 애타게 바라볼 뿐 부끄러워서인지 선뜻 발걸음을 떼지 못한다. 이때 당신은 어떻게 할 것인가?

아마도 당신은 그 아이에게 먼저 다가가서 손에 있는 풍선을 건네며 아이의 머리를 쓰다듬고 쪼그려 앉아서 아이를 꼭 안아 줄 것이다. 아이는 부끄러워서 멈칫거리며 뒤로 물러서려 하지만 당신은 그런 아이를 밀어내지 않고 토닥이고 포옹해 주면서 호의와 사랑을 표현한다.

사실 여기서 수줍어하던 아이는 또 다른 내 자신이다.

우리는 자신이 그렇게 나쁘지 않고, 지금 이대로 충분히 사랑받을 자격이 있다는 것을 믿어야 한다. 그러나 잠재의식 속에 부정적 자아 인식이 강하면 긍정적 믿음을 차단해 진심 어린 자신의 모습을 보지 못하게 한다.


진실한 자신을 드러내는 법을 배우자. 허세를 부려서는 진정한 사랑을 얻을 수 없다. 결점과 불완전함이 있는 진실한 모습으로만 우리는 모든 것을 얻을 수 있다. 진실함은 '보이는 것'을 가능하게 하며, 오로지 그것만이 우리가 사랑받을 수 있는 길이다.

진정한 친밀한 관계는 완벽하지 않은 두 사람이 서로를 받아들이고 각자의 결점을 이해하는 것이다.

# 솔직하게
# 대화하지 못하는 이유

## 가장 효과적인 의사소통은 솔직함

연인끼리 다투다가 잔뜩 화가 난 여자친구가 문을 박차고 나간다. 남자친구는 내심 걱정은 되지만 노발대발하며 '그렇게 잘났으면 돌아오지 마!'라고 메시지를 보낸다.

좋아하는 사람이 생기면 수시로 그 사람의 SNS를 들여다보다가 막상 실제로 만나면 상대방에게 '난 당신에게 전혀 관심이 없어요'라는 분위기를 풍기며 무심한 태도를 보인다.

상대방이 자신의 행동으로 상처 입은 것을 알고 미안하다고 사과하고 싶지만, 결국 '나만 잘못한 게 아니야!'라는 변명을 내뱉어 버린다.

어딘가 익숙한 장면이 아닌가? 자신의 마음을 솔직하게 표현하는 것이 이렇게 어렵다. 왜 그럴까? 심리학 연구에 따르면, 좋은 인간관계는 행복한 삶을 결정하는 가장 중요한 요인이다. 바꿔 말하면 많은 사람이 인간관계에서 발생하는 여러 문제로 고통받고 있다고 할 수 있다.

인간관계는 의사소통을 통해 이루어지기 때문에 우리는 고통을 해결하기 위해 의사소통과 관련된 책을 읽거나 심리상담에 대한 강의를 듣기도 한다. 하지만 문제는 생각처럼 술술 풀리지 않는다.

문제를 해결하기 위한 기본 원칙은 지극히 간단하다. 세상 모든 것은 본질로 돌아갈 수밖에 없는데, 이는 모두 단순하고 소박하다. 의사소통도 같은 이치다. 정말 효과적인 의사소통 방법은 화려한 기교가 아니라 솔직하게 표현하는 것이다. 그런데 과연 다른 사람과 일상적인 대화를 나눌 때 솔직하게 자신을 표현하는 사람이 얼마나 될까?

## 상처받지 않기 위해 선택하는 세 가지 소통법

인간은 감정을 가진 사회적 동물이다. 우리가 인간관계에서 자신을 솔직하게 드러내지 못하는 이유는 본질적으로 상처받을까 봐 두렵기 때문이다. 상처를 받지 않기 위해 우리는 다른 사람과 소통할 때 자신을 속이고 상대방을 속이는 '게임'을 하곤 한다.

### (1) '도도한 자세' 게임

'도도한 자세'에 가장 적절한 예는 '시크한' 사람을 떠올리면 이해하기 쉽다. 그들은 인간관계에서 자신을 우월한 위치에 놓아 상대방에게 거리감과 압박감을 조성하고 자신을 우러러보게 하는 착각을 일으키려고 노력한다.

그러나 실제로 그들과 가까워지면 그들의 '도도한 자세' 뒤로 깨지기 쉬운 '유리멘탈'(마음이나 정신이 유리처럼 사소한 일에도 상처나 충격을 받아 깨지기 쉽다는 뜻)이 숨어 있다. 그들 대부분은 상대의 거절하는 말 한마디, 비아냥거리는 눈빛만으로도 불안해하고 상처를 입는다.

'도도한 자세'의 배후에는 사실상 내면의 연약함이 자리하고 있다. 내면의 연약함이 외부의 악의에 충분히 대처하지 못할 때 그들은 다른 사람과 일정한 거리를 유지하기 위해 도도한 가면을 쓴다. 그러면 인간관계에서 거절당하고 조롱당하는 고통스러운 경험에서 잠시나마 벗어날 수 있기 때문이다.

실제로 '도도한 자세'를 취하는 사람 역시 건강한 인간관계를 맺으며 어울리고 싶다. 다만 깨지기 쉬운 연약한 내면 때문에 자신이 정말 원하는 것을 표현하지 못할 때가 많은 것이다. 어쩔 수 없이 자신만의 세계에서 도도하고 외롭게 지낼 수밖에 없다.

### (2) '네가 틀렸어' 게임

다른 사람을 비난하고 비판하는 데 익숙한 사람은 상대방의 흠을 찾아내서 부정적인 꼬리표를 붙인다. 그들은 모든 잘못이 상대방에게 있다고 생각하고 결코 자신의 흠은 보지 못한다.

또 그들은 자신의 행동이 잘못됐음을 알면서도 내가 옳다는 완벽한 환상을 유지하기 위해 다른 사람을 비난하고 비판하는 방식으로 자신의 잘못을 덮으려 한다.

### (3) '쓸데없는 소리 하지 않기' 게임

"쓸데없는 소리 좀 하지 마!", 참 익숙하고 많이 들어 본 말이다. 갈등에 직면했을 때 행동부터 하는 성향의 사람들이 내뱉는 언어 습관이다. 갈등이 생기면 상대방과 침착하게 소통하지 않고 격한 행동으로 분노를 표출한다. 회의를 하다가 자신의 의견이 받아들여지지 않으면 화를 내며 회의실을 나가거나 친구와 말다툼을 한 후 바로 SNS 계정을 차단하는 등, 말이 아닌 과격한 행동으로 자신을 표현한다. 왜 그럴까? 그들은 거절당하고 버림받는 감정에 직면하는 것을 무의식적으로 두려워하기 때문에 이런 감정이 실제로 생기지 않도록 직접 먼저 행동을 취하는 것이다. '행동' 외에도 다른 사람에 대한 분노와 비난도 있다. 물론 이러한 부정적 감정이 자신을 향할 수도 있어 다른 사람에게 상처를 주고 자신에게도 상처를 줄 수 있다.

### 어떤 관계에서든 솔직함만큼 좋은 것은 없다

위에서 말한 세 가지 의사소통 방식은 실제로 심리학에서 말하는 '방어기제'이다. 이러한 방어기제는 거절당하고 버림받았다는 감정을 어느 정도 피할 수 있지만 동시에 자기 자신을 솔직하게 표현하는 데 걸림돌로 작용하기도 한다. 내면의 두려움과 욕망 등의 감정을 감추고 나면 다른 사람과 소통하고 연결되기 어렵다.

우리는 고통을 회피하기 위해 스스로 '안전한 섬'을 만들어 그 안에 몸을 숨긴다. 그러다 보면 결국 마음은 황량하고 외로워지며 인생에서 생명의 빛을 경험하기 어렵게 된다.

방어적인 태도를 버리고 솔직하게 자신을 표현하고 자신의 두려움과 갈망, 동경을 표현한다면 나중에 인생의 막바지에서 후회가 덜할 것이다. 물론 그 과정에서 거절당하고 버림받을 수 있으며, 고통과 상처로 괴로워할 수도 있지만 적어도 우리는 자신에게 충실했으니 그걸로 충분하다.

어떤 관계에서든 의사소통할 때 아무리 좋은 기술과 많은 속임수를 쓴다 해도 솔직하게 자신을 보여 주는 것만큼 좋은 것은 없다.

솔직하게 자신을 표현해 보자! 다른 사람이 어떻게 생각하든, 어떻게 대하든 상관하지 말자. 우리는 그저 자신에게 솔직하고 가장 진실한 감정을 표현하는 데만 신경 쓰면 된다.

자신을 솔직하게 표현하는 것은 '나는 이렇게 할 테니, 너는 마음대로 해라'라는 호기로운 태도로 자기 자신을 마주할 용기와 패기를 되찾았다는 것을 의미한다.


진실은 무엇이든 관통하는 힘이 있어 사람의 마음을 움직이고 영향을 미친다. 우리가 솔직하게 상대방과 대화한다면 상대방이 포용은 거절할지 몰라도 손에 든 무기는 내려놓고 우리를 거울 삼아 자신을 돌아볼 것이다.

# 우리, 내 안의
# 욕망을 솔직하게 말해요!

## 마음과 따로 노는 말과 행동

　　최근 태희는 지금까지 계속 품어왔던 감정을 정리하고 나서 많이 고통스러워했다.

　　그녀의 머릿속엔 여전히 그 남자의 이미지가 쉴 새 없이 떠올랐다. 예전에 주고받았던 휴대전화 속 다정한 대화 기록을 보면서 상대방이 지금 자신을 찾아와 주면 얼마나 좋을까 하는 상상도 했다.

　　제대로 감정 정리도 못 하면서 왜 그녀는 먼저 상대방에게 연락하지 않을까 궁금할 수도 있다. 나도 상담을 하면서 같은 생각을 했다. 태희의 대답은 간단했다.

"저는 절대로 먼저 연락하지 않을 거예요. 먼저 연락하면 지는 거거든요. 게다가 먼저 헤어지자고 한 것도 저라고요!"

그 사람을 향한 마음도 정리하지 못하면서 먼저 헤어지자고 하고, 아침저녁으로 그 사람을 떠올리면서 죽어도 먼저 연락하지 않겠다는 그녀가 이해되지 않을 수 있다. 이건 누가 봐도 모순되고 스스로 고통을 자처하는 일이지 않은가.

그렇다. 태희가 느끼는 고통은 자신의 마음이 말이나 행동과 정반대라는 데서 비롯한다.

## 겉과 속이 다른 남녀 관계

주위를 둘러보면 겉과 속이 다른 사람들이 적지 않아 놀랄 때가 많다. 그들은 언제 어디서든 일부러 반대되는 말을 한다. 누군가를 좋아하면서 좋아하지 않는 척, 전혀 신경 쓰지 않는 척 말을 하거나, 속은 부글부글 끓고 있는데도 "괜찮아!"라며 애써 미소를 짓는다. 또 자신을 향한 상사의 비판이 불합리하다고 생각하면서도 고개만 끄덕일 뿐 아무 말도 하지 않는다.

왜 우리는 속마음과 반대되는 말과 행동을 하는 걸까? 왜 진짜 속마음을 솔직하게 표현하지 못하는 걸까? 여기서 많은 사람이 태희를 거울로 삼아 그녀를 통해 자신의 모습을 돌아볼 수 있을 것이다.

물론 '겉과 속이 다르다'는 것은 고통스러운 일이지만, 속마음을 솔직하게 드러내는 것이 훨씬 곤란한 일이 될 수도 있다.

겉과 속이 다른 표현 방식은 심리학에서 원시적인 심리적 방어기제로 간주한다. 이런 방어기제를 '부정denial'이라고 한다. '부정'은 특정 트라우마 상황에서 자신의 진짜 생각, 감정을 왜곡하여 심리적 고통을 피하거나 불편한 사건을 '부정'하여 마치 일어난 적이 없는 것으로 간주해 단기적인 위안을 얻는 것을 말한다.

많은 사람이 자신의 마음을 거스르고 거짓말을 하는 이유는 자신을 보호하고 자신의 진짜 모습을 보이지 않기 위해서이다. 그들에게 본모습을 드러내는 것은 어려울 뿐만 아니라 위험한 일이기도 하다.


## 내면의 미움을 감추려고 사랑을 더욱 과장하다

앞의 사례에서 태희는 고통의 근원을 잘 알고 있었고 자신이 겉과 속이 다르다는 것도 충분히 이해하고 있었다. 그러나 마음과 반대되는 말을 하면서도 깨닫지 못하는 사람들도 많다.

또 다른 내담자 30대 남성 서진은 매사에 의욕이 없고, 심각할 때는 자신을 향한 공격을 참지 못한다고 했다. 그날은 자신이 쓸모없는 사람처럼 느껴져 상담실을 찾았다.

원가족에 대한 이야기를 나눌 때 서진은 부모님과의 관계가 아주 좋다며 자신 있게 말했다. 그러나 그의 어린 시절 경험을 자세히 들어 보면 오히려 폭력적인 사건으로 가득했다.

서진은 어머니에게 수차례 꾸지람과 욕설, 벌을 받았던 과거를 떠올리며 담담하게 이야기를 이어 갔다. 내가 그에게 이런 과거 경험에 대해 어떻게 생각하는지 물었을 때 그는 의외의 답을 내놓았다.

"저는 어머니가 왜 그러셨는지 이해해요. 아마 어머니도 마음고생이 심하셨을 거예요." 그러고는 자신이 어머니를 많이 사랑한다는 사실을 재차 강조했다. 물론 어머니를 향한 서진의 사랑을 의심하는 건 아니다. 하지만 어머니에게 심하게 혼나거나 구타를 당했을 때도 서진의 마음에 미움이 없었을 거라고 생각하지 않는다. 그는 어머니가 많이 애쓰며 자신을 키우신 것을 잘 알기에 미움 대신 사랑을 선택할 수밖에 없었고, 미운 감정은 억누르기로 한 것이다.

서진의 이런 행동은 또 다른 심리적 방어기제에 속하는데, 이것을 '반동형성reaction formation'이라고 한다. 그는 내면의 미움을 숨기기 위해서 그것과 반대되는 사랑을 과장되게 표현한다. 이 방어기제는 이러한 상황을 무의식적으로 처리할 수 있도록 도와주기 때문에 내면의 진심을 거스르고 있다는 사실 자체를 깨닫기 힘들게 한다.

서진의 잠재의식 속에는 어머니에 대한 분노와 증오가 쌓여 있다. 어린 시절 자신을 꾸짖고 벌을 줬던 어머니의 모습이 그대로 남아 있기 때문에 지금은 어머니가 그를 힘들게 하지 않더라도 여전히 자기 공격을 멈출 수 없는 것이다.


## 아이에게 배우는 의사소통 방식

오랜만에 친구를 만났다. 친구가 아이와 있었던 일화를 들려주었는데 참 인상적이었다.

"의사소통은 우리가 아이들에게 다시 배워야 해."

하루는 그녀가 집에서 아이의 숙제를 도와주면서 틈틈이 핸드폰을 보고 있었다. 갑자기 아이가 고개를 들었다.

"엄마, 자꾸 핸드폰만 들여다보지 말고 나 좀 봐요."

친구는 그 순간 큰 감명을 받았다고 한다. 아이는 엄마가 자신에게 더 많은 관심을 기울여 주길 바라기 때문에 직설적인 말로 자연스레 진심을 표현했다. 그런데 우리는 어떠한가? 정작 성인인 우리는 자신의 욕구를 표현할 때 항상 우회적으로 표현해 '일관된 의사소통'이 어렵다. '일관된 의사소통'이란 무엇일까? 전달하는 메시지가 우리의 내면 감정과 일치하는 것을 말한다.

'일관된 의사소통'을 할 수 있으면 다른 사람이나 상황에 맞춰 적절한 관계를 더 잘 구축할 수 있다. 그러니 더는 겉과 속이 다르게 자신의 진짜 모습을 숨기지 말고 자신의 욕망에 솔직해지고 어린아이처럼 당당하게 말할 수 있기를 바란다.

# 우리는
# 사랑이었을까

## 갈등은 질투에서 시작되기도 한다

결혼 45주년 파티 준비에 여념이 없던 케이트와 제프 부부에게 어느 날 남편의 첫사랑인 여인의 시신이 알프스에서 발견됐다는 편지가 도착했다.

그날 이후, 화목하고 행복했던 두 사람의 결혼 생활에 균열이 생기기 시작했다. 제프는 끊었던 담배를 다시 피우고 다락방에서 그녀의 사진을 찾아내며 온종일 과거를 추억했다. 첫사랑 소식에 흔들리는 남편을 보며 케이트는 불안해졌다. 게다가 전 여자 친구가 사고를 당한 해에 케이트의 어머니도 돌아가셨다. 두 사람은 같은 시기에 각자의 인생에서 큰 사건을 겪었지만 서로 아픔에 대해 한 번도 이야기를 나눈 적이 없다.

'우리 둘 다 내면의 아픔을 단 한 번도 이야기하지 않았다니, 지금까지 이어온 45년의 결혼 생활은 사랑이었을까?'

케이트는 깊은 회의감에 빠져 쓸쓸함을 감추지 못했다. 그녀는 자신의 결혼이 그런대로 행복하다고 생각했다. 하지만 이런 비밀이 드러나면서 가장 가까웠던 남편을 잘 몰랐다는 사실을 깨달았다. 그리고 이런 무지는 제프의 일련의 비정상적인 행동(첫사랑의 사망 소식을 듣고 알프스에 다녀오겠다고 함)으로 더욱 분명해졌다.

제프에게 일어난 이런 변화로 인해 케이트는 알 수 없는 감정을 느꼈고 불안함을 떨쳐낼 수 없었다. 그녀는 현재의 결혼 생활에 의문을 제기하며 이미 사망한 남편의 여자친구를 미친 듯이 질투했다.

위의 내용은 영화 〈45년 후〉에 나오는 이야기다. 많은 사람이 이 영화에서 자신의 모습을 보았다고 한다. 실제로 남편이나 아내의 첫사랑 때문에 끝없는 싸움을 이어가는 커플들이 있다. 자세히 들여다보면 이 갈등은 대부분 질투에서 시작된다.

## 배우자의 첫사랑을 질투하다

배우자의 첫사랑을 질투하는 것을 심리학에서 '회고적 질투 retroactive jealousy'라고 한다.

질투심은 왜 생기는 걸까? 어렸을 때 어머니가 다른 아이를 안아주면 질투가 나서 떼를 부려본 경험이 있을 것이다. 그때 질투가 나는 것은 자신에게 어머니는 세상 전부이고, 내가 느끼는 모든 안정감이 어머니와의 관계에서 나왔기 때문이다. 내가 어머니의 인생에서 가장 중요한 사람이 되기를 갈망하며, 그렇지 않으면 위협을 느끼고 소속감과 안정감을 잃게 된다고 생각한다. 심리학에서는 이를 '영아-양육자 애착 관계 infant-mother attachment'라고 한다.

우리는 평생 애착 관계를 추구하기 때문에 배우자와의 관계도 아이와 양육자 관계의 연속이라고 볼 수 있다. 그래서 어릴 때 어머니의 사랑을 갈망했던 것처럼 배우자의 인생에서도 자신이 가장 중요한 사람이 되고 싶고, 깊은 관계를 맺어 새로운 소속감을 찾기를 바란다. 그러니 배우자가 첫사랑을 회상하고 추억한다면 '당신에게 나는 누구인가요?'라는 생각을 하게 되는 것은 당연하다.

## 회고적 질투의 두 가지 양상

영화 속 케이트는 다락방에서 남편과 첫사랑의 과거 기록을 발견한다. 제프가 간직하던 일기장에는 첫사랑과 보낸 모든 날이 상세히 적혀 있었다. 심지어 그녀의 사진으로 가득 찬 슬라이드 필름을 찾아냈는데, 사진을 보던 케이트는 당시 그녀가 임신 중인 사실까지 알게 됐다. 그리고 지금까지 이 사실을 까맣게 숨긴 제프를 향해 온몸이 부르르 떨릴 정도로 분노했고 불신이 극에 달했다. 이 일로 케이트는 45년간 유지해 온 결혼 생활에 깊은 회의를 하게 되었다. 그리고 자신의 현재 상황과 연결지어 점점 더 많은 의심과 상상을 하며 결국 '회고적 질투'의 늪에 빠지고 말았다.

일반적으로 회고적 질투는 두 가지 양상으로 나눌 수 있다.

하나는 진실과 무관하게 자신의 상상으로 만들어낸 질투다. 예를 들어 질투 심리는 일명 '뇌피셜(신체 부위인 '뇌'와 '공식적인'을 뜻하는 영단어 '오피셜official'을 합쳐 만든 신조어. 검증된 사실이 아닌 개인적 생각을 뜻함)'에서 비롯되는 경우가 많은데 일을 크게 만드는 걸 좋아하는 여성의 경우 특히 그렇다. 남자친구의 계정에 전 여자친구가 여전히 친구로 등록된 것을 보고 남자친구가 아직도 전 여자친구를 중요하게 생각한다고 여긴다. 그래서 상대방이 전 여자친구를 입에 올리기만 해도 그가 자신에게 충실하지 않는다며 분노한다.

또 다른 경우는 배우자가 실제로 첫사랑을 잊지 못해서 상대방의 마음을 불안하게 하는 경우다. 영화 〈45년 후〉의 남자 주인공 제프처럼 지나간 사랑에 빠져 헤어 나오지 못하고 지금의 아내를 수치심과 질투심으로 몰아넣어 그들의 결혼 생활에 지울 수 없는 상처를 남기는 일도 있다.

## 부부간 소통으로 원칙과 한계 정하기

살면서 배우자의 과거 연인이 자신의 친밀한 관계에 영향을 미친다면 반드시 배우자와 충분히 이야기하여 자신만의 원칙과 한계를 정해야 한다.

예전에 온라인에서 한 여성이 과거 연인을 정리하지 못하는 남편을 묵묵히 참고 기다려주다가 차오르는 서운함과 분노 때문에 멘탈이 무너지기 직전이라고 하소연한 글을 본 적이 있다. 과거 연인은 남편의 첫사랑이었는데 두 사람이 헤어지고 얼마 되지 않아 그녀는 병으로 세상을 떠났다. 남편은 그녀가 한 부모 가정에서 힘들게 자라면서 다른 사람의 따뜻한 보살핌을 충분히 받지 못했다는 생각에 깊은 동정과 연민을 느꼈고, 일말의 죄책감에 매년 그녀의 묘소를 찾았다.

이 경우 아내로서 남편에게 매년 과거 연인의 묘소를 찾아가는 것이 상당히 신경 쓰인다는 점을 분명히 지적할 수 있으며, 앞으로 그런 행동을 하지 말라고 얘기할 수 있다.

부부간에 일어날 수 있는 갈등을 두려워하지 마라. 자신의 원칙과 한계를 정확하게 밝힌 후에도 상대방이 여전히 과거 연인을 잊지 못한다면 차라리 헤어지는 게 나을 수도 있다. 혼자서 끙끙 앓으면서 맹목적인 관용을 베푸는 관계는 오래가지 못한다.

물론 대부분의 사람이 여전히 가정을 지키기 위해 과거 연인과의 관계를 잘 정리할 것이라고 믿어 의심치 않는다. 배우자의 과거 연인이라는 '위협'에 직면했을 때, 친밀한 관계를 회복하고 더욱 견고히 하기 위해 다음과 같은 방법을 선택하는 것이 좋다.

**첫째, 열린 마음으로 배우자와 함께 과거 연인 이야기를 나눠 보자.**

사람은 모든 과거가 합쳐져 만들어진다. 배우자와 과거 연인에 관해 이야기하는 것은 실제로 배우자의 경험을 이야기하는 것이며 이는 배우자를 더 깊이, 더 많이 이해하는 데 도움이 된다.

**둘째, 지금의 배우자에게 최선을 다하자.**

누구라도 과거에 놓친 아름다운 추억에 미련이 있을 수 있다.

이 점을 충분히 이해했다면 공허한 그리움보다 지금 곁에 있는 배우자야말로 더 의미 있다고 믿어야 한다.

에리히 프롬Erich Pinchas Fromm의 유명한 저서 『사랑의 기술』에 이런 말이 나온다.

"성숙하지 못한 사랑은 '그대가 필요하기 때문에 나는 그대를 사랑한다'는 것이지만, 성숙한 사랑은 '그대를 사랑하기 때문에 나는 그대가 필요하다'는 것이다."

성숙한 사랑은 서로의 과거를 받아들이는 것까지 포함한다. 우리가 '소유'가 아닌 '사랑'으로 배우자와 연결될 때 비로소 회고적 질투의 수렁에서 벗어날 수 있다.

# 다른 사람의 말을
# 곡해해서 듣는 당신에게

## 저 사람이 나를 비웃는 게 아닐까

수애는 일주일에 한 번 정해진 시간에 상담을 받으러 왔다. 지난번 상담 시간에는 시어머니와 있었던 갈등에 관해 이야기했다.

어느 날 밤, 수애가 물건을 가지러 주방에 갔다. 모두가 잠든 시간이라 불을 켜지 않고 물건을 찾다가 실수로 그만 소금통을 바닥에 쏟고 말았다. 원래 별일 아닌 일에는 크게 신경 쓰는 편이 아니어서 바닥을 깨끗이 치우고 방으로 돌아가 다시 잠을 청했다. 그런데 얼마 후 남편이 화장실에 가려고 일어났다. 역시 불을 켜지 않은 채로 방을 나서는데, 그때 옆방에서 시어머니의 목소리가 들려왔다.

"왜 불도 안 켜고 다니니? 그러다 어디에 부딪히기라도 하면 어쩌려고. 조심해서 다녀라."

수애는 시어머니의 말이 마음에 거슬렸다. 그녀는 시어머니가 소금통을 엎었다고 자신을 탓하는 것 같았다. 결국 그녀는 화를 참지 못하고 한밤중에 시어머니와 한바탕 말다툼을 벌였다.

상담하는 그 순간에도 그때의 감정이 제대로 정리되지 않은 것 같았다.

"아니, 제가 일부러 엎은 것도 아니잖아요. 왜 그런 말씀을 하시는지 정말 모르겠어요."

지금까지 상담하면서 그녀는 시어머니뿐만 아니라 직장 동료나 상사, 친구, 심지어 남편에게도 이와 비슷한 분노를 표출하곤 했다. 그래서 그녀의 이런 분노가 그리 낯설진 않았다.

직장 상사가 업무상 조언하면 그가 자신을 얕잡아 본다고 생각했고, 친구가 그녀에게 좋은 심리학 도서를 추천해 주면 자신에게 무슨 문제가 있다고 생각했다.

그녀가 가진 분노의 이면에는 '두려움'이 있었다. 수애가 내 앞에서 분노를 터트릴 때 나는 그녀 내면에 웅크리고 있는 어린 소녀가 보였다. 그 소녀는 '인정'받지 못할까 봐 두려움에 떨고 있었다.

다른 사람의 말을 자신을 비웃는다고 생각하며 비꼬아서 듣는 사람들이 있다. 예를 들어 상대방이 행복했던 어린 시절을 이야기하면 그것은 자신의 불행한 원가족을 비웃는 것으로 생각한다. 누군가가 매일 퇴근 후 요가를 하러 가는 걸 좋아한다고 말하면 자기 관리를 하지 않는 자신을 흉보는 것이라고 받아들인다. 그리고 이해심이 많은 사람을 칭찬하는 것은 공감 능력이 부족한 자신을 돌려서 비난하는 것으로 생각한다.

그들은 왜 상대방의 말을 곧이곧대로 듣지 않고 다른 의도가 있다고 생각하는 걸까?

## 방어적 경청에 익숙한 사람

심리학에서 수애처럼 항상 다른 사람의 말속에서 다른 의미를 찾으려는 것을 '방어적 경청defensive listening'이라고 한다. 많은 사람이 외부로부터 정보를 받아들일 때 먼저 마음속에 장벽을 세워서 다른 사람의 공격을 방어해 자신이 상처받지 않도록 보호한다. 즉, 다른 사람과 소통하는 과정에서 현재 주고받는 내용에 집중하지 않고 주제를 벗어나 상대방의 말에서 '악의'를 찾으려고 한다.

방어적 경청에 익숙한 사람은 다른 사람의 말에 반응할 때, 말하기 전 아주 다양한 심리 활동을 한다.

'어디서 다른 사람 얘기야? 분명히 날 비꼬고 있는 거잖아!'

'빙빙 돌려 말하지 말고 할 말이 있으면 똑바로 해.'

'지금 일부러 시비 거는 거야?'

일련의 심리 활동을 마친 후 상대방의 말이 떨어지기가 무섭게 서둘러 공격을 가한다. 그런데 막상 상대방은 전혀 그런 의도가 아니었기에 무슨 영문인지 얼떨떨할 뿐이다.

## 방어적인 태도를 버려라

방어적 경청에 익숙한 사람은 다른 사람과 소통하는 과정에서 자신도 모르게 피해자 코스프레를 연출한다. 이미 성장하는 과정에서 자기 공격에 익숙해진 지 오래인데다가 '내가 부족해서 그래'라는 생각으로 꽁꽁 묶여 있기 때문이다. 외부로부터 자신에 대한 비판과 부정, 의혹으로 의심되는 것이 포착되면 금세 겁에 질려 불안해한다. 이런 의미 없고 말도 안 되는 정보는 내면의 부정적인 핵심 신념을 자극해 온 세상이 자신을 비난하고 경멸한다는 생각에 빠지게 한다. 그들은 자신의 안전을 확보하기 위해 방어적인 자세를 취할 수밖에 없다.

그런데 유감스럽게도 방어적 태도는 다양한 부정적인 감정에 시달리게 할 뿐이다. 또한 언제나 다른 사람과의 관계에서 큰 상처를 남긴다. 정신 건강과 개인의 발전에도 영향을 미친다.

사실 모든 사람에게는 자신을 표현할 권리가 있다. 다른 사람과 소통하는 과정에서 상대방의 의견에 동의할 수 없거나 상대방이 내 의견에 의문을 제기했다고 해서 상대방이 나를 완전히 부정한 것이라고 보는 건 약간의 억지스러움이 있다. 그저 서로가 특정한 문제에 대해 관점이 다를 수 있다는 점을 명심해야 한다. 자신의 방어적인 태도를 내려놓고 차분하고 부드럽게 소통해 보자.

상사가 "이번 프로젝트는 수애랑 같이해 보세요."라고 했을 때 '나 혼자서는 안 될 것 같으니 같이하라는 거군.'이라고 방어적인 태도를 보여서 상사의 진짜 뜻을 오해할 필요는 없다.

자기만의 '뇌피셜'은 멈추고 이렇게 대답해 보자.

"네, 그런데 저 혼자서도 할 수 있을 것 같은데요, 한번 해봐도 될까요?"

자기 공격에 익숙한 사람은 본능적으로 누구도 믿지 않기 때문에 온 세상을 '가상의 적'으로 설정한다. 그러므로 그들이 방어적 경청의 태도를 바꿀 때 중요한 것은 먼저 다른 사람을 신뢰하는 법을 배우는 것이다. 그들이 나를 해치지 않는다는 것과 나에 대해 엄청난 편견을 갖고 있지 않고, 오히려 장점을 본다고 믿어야 한다.

미국 드라마 〈투 브로크 걸즈2 Broke Girls〉에 나오는 "때때로 하늘이 무너지는 것 같지만, 사실은 네가 삐뚤게 서 있는 거야."라는 대사와 같이 이 세상은 생각보다 그렇게 적대적이지 않다.

# 우리는 왜 냉전을
# 일으키는 것일까

## 가까운 사람에게 유독 가혹하다

한 독자로부터 이런 질문을 받았다.

"요즘 남편과 냉전 중인데, 계속 나쁜 감정에 노출되니까 너무 힘들어요. 어떻게 하면 이 상황에서 벗어날 수 있을까요?"

그녀의 질문은 남녀 간의 정신적 폭력으로 부정적인 감정에 시달리며 절망에 빠진 사람들의 현재 상황을 반영하고 있다.

사실 많은 사람을 곤경에 빠뜨리는 것은 냉전 그 자체가 아니다. 그들이 부정적인 감정에 휩싸이는 근본적인 원인은 정신화 능력$^{mentalization\ ability}$(마음을 알아차려 나와 너를 이해하는 능력) 부족이다. 이른바 '냉전'은 '할 말이 있으나 제대로 말하지 못한다'

는 의미로, 그 본질은 언어적 소통을 피하는 데 있다.

그런데 우리는 왜 냉전을 일으키는 것일까? 정신분석 이론에 따르면 자주 냉전을 벌이는 사람의 정신연령은 인간 발달의 최초 단계인 구강기, 즉 0~1세에 머물러 있다고 한다. 구강기 단계의 아이는 자신의 욕구가 적시에 충족되지 않으면 분노나 슬픔, 불만 등 부정적인 감정이 생긴다. 그러나 언어를 사용할 줄 모르기 때문에 아이는 몸으로만 표현할 수 있다. 이런 상황이 반복해서 일어나면 정신연령이 구강기에 머물러 성인이 되더라도 언어 소통에 장애를 겪을 수 있다. 또 속마음을 표현하는 데 서투르다 보니 아무 말을 하지 않아도 상대방이 자신의 기분을 알아채주고 이해해 주길 바란다.

물론 실제 상황은 이론보다 훨씬 복잡하다. 단순히 '구강기'에서 원인을 찾는 것만으로 정신적 폭력을 설명하기에는 역부족이다. 밖에서는 사회생활도 잘하고 다른 사람과 의사소통에도 문제가 없는데, 이상하게 자신과 '가까운' 사람에게만 정신적 폭력을 가하는 사람이 있다. 이런 정신적 폭력은 어떻게 설명할 수 있을까?

## 정신적 폭력을 표현하는 세 가지

사실 따지고 보면 정신적 폭력도 표현 방식의 하나이다. 대부분의 정신적 폭력에 담긴 내용은 아래 세 가지로 정리해 볼 수 있다.

### (1) 회피의 표현

어릴 때부터 항상 부모의 꾸중을 받고 자란 아이는 성인이 돼서도 '내가 잘못했어'라는 사실을 인정하기 두려워한다. 외부로부터 자신을 비난하는 메시지가 나올 때마다 침묵하거나 무시하고, 거리를 두는 방법으로 회피를 선택한다.

또 다른 경우를 보면, 영아기에 양육자와 건강한 애착 관계를 형성하지 못해서 극도의 불안함에 시달리는 사람에게 사랑은 '상처'에 불과하다. 그래서 성인이 된 후 내면의 심리적 트라우마를 피하기 위해 친밀한 관계에서 상대방에게 정신적 폭력을 가하는 방식으로 의사소통을 한다.

### (2) 처벌의 표현

회피의 표현 외에도 정신적 폭력 방식으로 처벌을 표현하기도 한다. 그들의 내면에는 '당신이 내 기분을 나쁘게 했으니, 나는 당신을 무시하겠다'는 방식으로 벌을 준다. '자기애성 인격장애

narcissistic personality disorder'의 대표적인 유형이라고 할 수 있다.

자기애성 인격장애가 있는 사람은 항상 자기중심적이며 공감 능력도 부족하다. 그들은 자신을 제외한 세상의 모든 사람을 자기애를 충족시키기 위한 도구로 생각한다. 그들의 정신적 폭력의 본질은 자기애적 표현에 있다.

참고로 자기애성 인격장애가 있는 사람에게 정신적 폭력을 당하면 대부분의 사람이 '내가 뭘 잘못했나?'라고 반성부터 하는데, 이는 경계 의식이 부족하기 때문이다. 경계 의식이 뚜렷하지 않고 핵심 자아가 약한 사람은 다른 사람에게 쉽게 조종당할 수 있다.

### (3) 거절의 표현

메시지에 답장하지 않거나 긍정적인 의사소통을 하지 않는 등 정신적 폭력 방식으로 거절을 표현하는 사람도 있다.

친밀한 관계에서 정신적 폭력을 가하는 사람은 '나는 네가 이상하게 마음에 들지 않아.', '나는 당신과 함께하고 싶지 않아.', '날 귀찮게 하지 마라.'와 같은 정신적 폭력으로 상대방에게 자기 뜻을 표현할 때가 많다. 거절을 표현하는 이런 정신적 폭력 앞에서 많은 사람이 '미해결 과제'에 사로잡혀 얽히고설킨 채 정신적 고통을 겪는다.

## 정신화 능력에 따라 다른 반응

정신적 폭력을 당한 사람이 곤경에서 벗어날 수 있는지는 자신의 정신화 수준에 달려 있다.

'정신화'란 무엇인가? 간단히 말해서 겉으로 드러나는 행동을 기반으로 자신이나 다른 사람의 행동 뒤에 있는 심리 상태를 이해하는 능력을 말한다. 정신적 폭력 앞에서 높은 수준의 정신화 능력이 있는 사람은 이성적으로 생각한다.

'왜 상대방이 나와 냉전을 벌이는 걸까?'

'문제의 핵심은 무엇일까?'

'지금 상대방은 어떤 감정일까?'

'내가 상대방에게 잘못한 것이 있을까?'

이런 고민 끝에 문제를 확실하게 해결할 방법을 찾아낸다.

반면, 정신화 능력이 부족한 사람은 정신적 폭력을 당했을 때 항상 부정적인 감정에 쉽게 휘말린다. 그들의 마음은 불만과 분노, 이해 불가로 가득 찬다.

'왜 내 기분을 망치는 거야?', '나한테 왜 이러는 거야?', '당신은 날 사랑하지 않아!'

이런 감정은 문제의 실체를 보지 못하게 가로막고 오히려 그들의 마음속 깊은 곳에 있는 두려움을 불러일으킨다. 자신을 보호하기 위해 상대방을 비난하고 공격하며 냉전을 더욱 격화시킨다.

## 정신적 폭력에서 벗어나는 법

정신적 폭력에서 벗어나려면 우리의 정신화 능력을 향상해야 한다. 물론 하루아침에 이루어질 수는 없지만 작은 것부터 시작해서 조금씩 개선해 나가야 한다. 앞으로 정신적 폭력을 당하면 다음과 같은 방법으로 자신을 다스려 보자.

**첫째, 모든 상황에서 침착함을 유지한다.**

우리를 부정적인 감정에 빠지게 하는 것은 상대방이 아니라 '내가 부족해서 그래'라는 내면의 부정적인 믿음이다. 상대방이 가하는 정신적 폭력은 이 믿음의 '스위치'를 건드리는 것뿐이다. 맹목적으로 상대방을 공격하면 두 사람 모두 다칠 수 있다.

기억해라. 우리가 해야 할 일은 맞서서 화를 내는 것이 아니라, 먼저 심호흡을 하고 침착함을 유지하면서 '상대방의 정신적 폭력은 나에게 상처를 줄 수 없다!'라고 자기암시를 하는 것이다.

**둘째, 상대방 자체를 본다.**

정신적 폭력 역시 일종의 표현 방식이다. 그것이 표현하는 내용이 무엇이든 이면에는 진실한 사람이 숨어 있다. 정신적 폭력의 표상을 넘어 그 뒤에 숨겨진 사람에게 시선을 두고 그의 감정과 기분, 욕구를 볼 수 있어야 한다.

정신적 폭력을 당한 사람이 무조건 이해하고 받아들여야 한다는 말이 아니다. '상대방을 본다'는 것은 그 사람의 정신화 수준을 높이기 위해 꼭 필요한 숙제라는 점을 강조하고 싶다. 물론 상대방을 보는 동안 나와 내 자신의 진짜 욕구를 돌아볼 필요도 있다.

**셋째, 욕구 및 목표 지향적이어야 하며, 상대방과 감정 없이 소통해야 한다.**

서로를 본 뒤 자신이 원하는 것이 무엇인지, 이 관계를 계속 유지해야 하는지, 아니면 과감히 포기해야 하는지 생각해 보자. 자기 자신의 욕구를 중심으로 평화롭게 소통하고 선택하자.

우리는 정신적 폭력 그 자체가 아니라 그것에 대한 우리의 태도 때문에 고통스러워한다. 정신화 수준을 개선하면 정신적 폭력은 더는 당신을 힘들게 할 수 없다.

고난 앞에서 침착하게 대처하는 사람은 모두 '보통의 힘'을 가지고 있으며
그들 안에는 '나는 괜찮다'는 믿음이 있다. '나는 괜찮다'는 믿음은
'나는 완벽하다'라는 의미가 아니라 불완전한 자신도 포용한다는,
즉 '나에게 결함이 있어도 나는 괜찮다'는 자기 정체성이다.

# PART 5

# 단단한 자아 만들기

진짜 행복은 단단한 자아에서 옵니다

나는 고통 속에서 용기를 북돋아 눈부신 반전을 이룬 사람들을 존경한
다. 그들은 투사다. 또 인생의 어려운 문제 앞에서 과감하게 '그만두자'
라고 말할 수 있는 사람들도 존경한다. 그들은 지혜로운 사람이다. 어려
움을 두려워하지 않는 것도 물론 소중하고, 모든 사람에게 '하자'는 용기
가 필요하다는 데도 동의한다. 하지만 해결할 수 없는 난제에 부딪혔을
때 '그만두자'보다 더 좋은 해답이 있을까?

# '보통의 힘'이 있다면
# 어떤 어려움에도 쓰러지지 않는다

## 평범한 자아가 가진 보통의 힘

선천적인 장애로 다리에 교정기를 하고 IQ가 75인 소년이 일반 학교에 입학하려 했지만 거부당하고 말았다. 아이는 늘 또래 친구들에게 놀림을 당하며 성장해야만 했다. 나중에 이 소년은 어떤 삶을 살게 되었을까?

생각하나 마나 그 소년이 최선을 다해 살더라도 여전히 힘겨운 나날을 보냈을 게 뻔하다. 그런데 모두의 이런 예상과 달리 이 소년은 좀 달랐다. 훗날 유명한 미식축구 스타가 되고 베트남 전쟁에 참전하여 국가 영웅이 되었다. 그 덕분에 외교 사절단으로 활동하고 나중에는 억만장자가 되었다. 다들 짐작했겠지만 이 소년이 바로 영화 <포레스트 검프 Forrest Gump>의 남자 주인공 포레스트 검프다.

이 영화를 처음 봤을 때 나는 아직 대학에 다니고 있었는데, 조금 실망했던 기억이 어렴풋이 난다. 절름발이 소년이 쉬지 않고 달리기만 하는 이런 단순한 이야기가 어떻게 많은 사람의 마음에 좋은 영화로 자리 잡을 수 있는지 이해가 되지 않았기 때문이다. 10여 년이 지난 후 이 영화를 다시 보고 나서야 나는 이 단순한 이야기에 담긴 심오한 메시지를 깨달을 수 있었다.

어쩌면 우리는 모두 포레스트 검프가 아닐까? 우리는 모두 선천적인 결함을 가지고 태어나 후천적인 다양한 시련을 겪으며 살고 있다. 하지만 그렇다고 해서 우리가 포레스트 검프의 모습으로 살아가지는 못한다. 누구나 인생의 기복을 담담하게 마주하고 자신의 장점을 발휘해서 인생을 최고점까지 끌어올릴 수는 없기 때문이다.

포레스트 검프의 성공이 우리에게 감동을 주는 이유는 평범한 자아로 비범한 인생을 만들어낸 데 있다. 우리는 이 능력을 '보통의 힘'이라고 부른다. 보통의 힘은 고난 앞에 당황하지 않고 흔들리지 않는 마음으로 인생의 장애물을 헤쳐 나가는 능력이다.


## 현실의 포레스트 검프, 가오위예

IQ가 75에 불과한 어린 포레스트 검프는 남들보다 지능이 떨어지는 아이였다. 그는 다른 아이들이 충분히 이해하는 문제를 풀지 못했다. 초등학교에 입학할 나이가 되어서 IQ 테스트를 했는데 그것조차 통과하지 못했다. 결국 일반 학교에서는 입학을 거부했고 그의 어머니에게 지적 장애 아동이 다니는 특수 학교에 보낼 것을 제안한다.

이런 현실 앞에서 다른 부모라면 타협을 선택했을지 모르지만, 그의 어머니는 포기하지 않았고 포레스트 검프는 끝까지 노력해서 일반 학교에 다닐 수 있는 자격을 얻는다. 어머니는 아들에게 언제나 "너는 다른 아이들과 다르지 않다는 걸 기억해야 한다."라고 말해 준다.

영화 얘기를 하다 보니, 몇 년 전의 뉴스가 생각난다. 2017년 화둥이공대학교East China University of Science and Technology 졸업식에서 선천적으로 청력을 잃은 가오위예高羽燁가 졸업생 대표로 인사말을 했다.

"제가 청각장애인이라 발음이 다소 정확하지 않을 수 있습니다. 그래도 한 글자 한 글자 정확하게 말하기 위해 노력할 테니 이해해 주시기 바랍니다."

부모가 모두 청각장애인인 가정에서 태어난 가오위예는 부모의 유전자까지 물려받아 태어나자마자 소리 없는 세상에서 자랐다. 그러나 할머니는 손녀를 포기하지 않고 낱말카드를 들고 손녀의 입을 틔우기 위한 학습과 훈련을 이어 갔다. 마침내 그녀는 일반 유치원과 초등학교에 갈 수 있었고 정상적인 교육을 받았다. 오랜 노력은 결실을 보았고 청각장애가 있는 소녀는 전체 예술계 학생 중 교양과목 1등, 전공과목 2등의 우수한 성적으로 화둥이공대학교에 입학했다. 포레스트 검프의 어머니가 아들을 포기하지 않았던 것처럼 가오위예의 할머니도 손녀가 '다른 아이들과 다르지 않다'고 굳게 믿었다.

인생의 본질과 목적은 정체성을 찾아가는 과정이다. 영화 속 포레스트 검프와 현실 세계의 청각장애 소녀 가오위예 모두 자신의 가장 가까운 사람에게서 '남들과 다르지 않다'는 자신의 모습을 확인받았다. 이러한 경험은 결국 내재화를 통해 자기 정체성을 형성하는 데 도움이 되었다.

만약 포레스트 검프의 어머니나 가오위예의 할머니가 아이에게 "너는 정상적인 사람과는 다르고 결함이 있는 아이야"라고 말했다면 아이에게 어떤 영향을 미쳤을까? 아마 평생 열등감과 수치심이라는 부정적 감정을 떨치지 못하고 일찌감치 고단한 삶에 항복했을 것이다. 그러나 '너는 다른 아이와 다르지 않다'는 목소리가 그들의 마음속 깊이 뿌리내리자 그들은 '다른 사람이 할 수 있는 일은 나도 해낼 수 있다'는 더 많은 가능성을 볼 수 있었다.

잔인한 인생 앞에서 주저앉는 이유는 그 어려움 자체가 너무 커서가 아니라 자기 자신에 대한 내적 정체성과 확신이 부족해서일 때가 많다. 일단 '나는 안 된다', 나는 못 한다'는 믿음이 우리 인생을 지배하면 굳이 힘들게 노력할 필요도 없이 그냥 포기하고 말 것이다.


고난 앞에서 침착하게 대처하는 사람은 모두 '보통의 힘'을 가지고 있으며 그들 안에는 '나는 괜찮다'는 믿음이 있다. '나는 괜찮다'는 믿음은 '나는 완벽하다'라는 의미가 아니라 불완전한 자신도 포용한다는, 즉 '나에게 결함이 있어도 나는 괜찮다'는 자기 정체성이다. 이런 자기 정체성을 가지고 있다면 우리는 힘겨운 상황에서도 침착하게 앞으로 나아갈 수 있다.

## 달리고 달려서 아픔을 이겨내다

영화 〈포레스트 검프〉에는 주인공에게 어머니 다음으로 매우 중요한 인물이 한 명 더 나오는데, 바로 제니다. 어린 시절, 학교에서 다른 아이들은 포레스트 검프와 놀기를 싫어했지만 제니만은 먼저 다가와 친구가 되어 주었고 두 사람은 함께 행복한 시간을 보낸다.

"뛰어, 뛰어! 포레스트!"

고등학생이 된 이후에도 어린 시절처럼 괴롭히는 친구들에게서 피하라는 제니의 외침에 포레스트는 친구들의 추격에서 벗어났을 뿐만 아니라 두 다리를 구속하는 교정기에서도 완전히 벗어난다. 그는 마치 새 생명을 얻은 사람처럼 자유자재로 그 누구보다 가장 빨리 달릴 수 있는 사람이 되었다.

제니는 그에게 달리는 법을 가르쳐 주었고 사랑이라는 감정도 경험하게 해 줬다. 그 후에도 경기장에서나 전장에서나 포레스트는 늘 제니의 "뛰어, 뛰어! 포레스트!"라는 말을 떠올리며 인생의 모든 중요한 고비를 넘겼다. 제니가 항상 곁에 있지는 않았지만, 그는 한 번도 그녀와 멀리 떨어져 있다고 생각한 적이 없었다.

영화 속 제니는 알코올 중독자인 아버지 밑에서 잦은 구타와 학대를 당하는 불행한 어린 시절을 보냈다. 성인이 된 제니는 자신이 다른 친구들처럼 사랑받을 자격이 있다고 굳게 믿지 못해 몇 번이고 포레스트 검프를 거절한다. 매번 떠나기만 했던 제니는 다시 돌아와서 포레스트와 같이 지내다가 그의 고백에 하룻밤을 보내고 아침이 되자 또다시 예전처럼 그를 떠나 버린다.

제니가 떠난 후 포레스트는 깊은 고통과 혼란에 빠지고 시련의 아픔을 잊기 위해 그저 달리고 또 달린다. 그는 집 밖으로 뛰쳐 나와서 3년 2개월 14일 16시간 동안 먹고 자는 것 외에는 온종일 달리며 미국 전역을 누빈다. 그러자 여러 매체가 관심을 보이며 앞다퉈 보도하기 시작하고 그를 뒤따르는 수많은 추종자가 생길 만큼 유명 인사가 된다.

그러던 어느 날 포레스트는 갑자기 멈춰 서서 "정말 피곤하네요. 이제 집에 가야겠어요."라고 말하며 제니와의 이별에 대한 아픔을 씻어 낸다.

## 이 세상의 불확실성과 함께 춤을

인생을 살다 보면 누구에게나 갑작스러운 실직이나 사랑하는 사람의 배신, 자녀의 입시 실패, 가까운 사람의 죽음 등 고통스럽고 막막한 순간이 찾아온다. 이처럼 인생의 암울한 순간에 우리는 마치 제니를 잃은 포레스트처럼 어떻게 해야 할지 혼란스러워한다.

우리는 달리기를 선택한 포레스트와 달리 불안이나 우울과 같은 부정적인 감정에 빠지면서 문제에 대한 확실한 해답을 찾으려 애쓰고 상황을 바꾸는 데 집착한다.

하지만 우리 인생은 바꿀 수 없는 것 천지다. 원래 인생이 그렇다. 우리가 할 수 있는 것은 그 사실을 받아들이는 것뿐이다. 열심히 노력한다고 반드시 성공이 보장되는 것도 아니다. 자신을 좋아하지 않는 사람이 있을 수 있고, 자녀가 공부를 싫어할 수도 있다. 근본적으로 삶과 죽음의 문제 자체가 우리가 통제할 수 있는 영역 바깥에 존재한다.

세상에는 해답이 없는 질문과 바꿀 수 없는 일이 많다. 이 세상의 불확실성과 함께 춤을 출 수 있을지는 '보통의 힘'을 가지고 있느냐에 달려 있다. '보통의 힘'은 '그럼 그렇게 하자'라는 고차원의 지혜다. '그럼 그렇게 하자'는 아무것도 하지 않는 것이 아니라 최선의 노력을 기울인 뒤에 원래의 모습을 받아들이고 자신과 화해하는 것이다.

확실성은 안정감과 통제감을 가져다주기 때문에 인간은 본능적으로 확실한 것을 찾는다. 그러나 이 세상은 너무 많은 불확실성으로 가득 차 있어서 해답이 없는 모든 질문에 직면했을 때는

'그럼 그렇게 하자'라는 지혜를 발휘할 수 있어야 한다.

## 지금 이 순간에 집중하는 것이 최선이다

'보통의 힘'을 기르는 방법은 무엇인가? 포레스트 검프처럼 '지금 이 순간'에 집중하는 것이다. IQ는 낮지만 포레스트 검프는 군대에 입대한 후 좋은 평가를 받았다. 다른 이유는 없었다. 침대를 정리하든, 무기를 분해하고 장착하든 항상 모든 일을 가장 먼저 끝냈다.

분명히 그가 의존하는 것은 낮은 지능이 아니라 일에 대한 집중력이었다. 지금 이 순간에 고도의 집중력을 발휘했기 때문에 모든 일을 다른 사람보다 훨씬 효율적으로 수행할 수 있었다.

다시 우리 자신으로 돌아와 보자. 우리를 자주 불안하게 만드는 것은 무엇인가? 말을 잘못해서 상사의 기분을 상하게 하진 않을까 걱정하고, 35세가 넘어서 회사에서 쫓겨나는 건 아닌지, 아이의 성적이 나빠서 좋은 대학에 못 가는 건 아닌지, 이런저런 걱정이 떠나지 않는다. 이렇게 집중력이 분산되면 그 순간에 진짜 해결해야 할 더 중요한 일에 집중할 수 없게 된다.

독일 작가 에크하르트 톨레<sup>Eckhart Tolle</sup>의 저서 『지금 이 순간을 살아라』에는 '생각의 정체성'이라는 개념이 나온다. 이는 '어떤 일이 일어나면 경험이나 사고 습관을 바탕으로 예측한 다음, 그

일을 예측한 방향대로 일어나도록 하는 것'을 말한다.

우리가 어려움과 맞부딪혔을 때 포레스트 검프처럼 침착하지 못하고 항상 초조해하고 불안해하는 이유가 여기에 있다. 습관적으로 자신의 능력을 인정하지 못하고 일어나지도 않은 일을 예측하느라 현재에 전념할 수 없기 때문이다.

침착하게 사는 사람은 좀처럼 미래를 예측하지 않는다. 미래의 일은 아무도 알 수 없고 인생은 무수한 현재로 이루어져 있다는 사실을 잘 알기 때문에 '매 순간'에 전념할 수 있다. 자신이 할 수 있는 일은 최선을 다해서 하고. 바꿀 수 없는 일은 '그냥 그렇게' 두면 된다. 벌어진 일은 그냥 받아들이고 현재에 집중하라.

## 어떤 어려움에도 쓰러지지 않는 보통의 힘

우리는 내면이 강한 사람이 되어야 한다는 말을 자주 한다. 그런데 강하다는 것은 무슨 뜻일까? 호랑이는 사납고 강하지만 사냥꾼의 엽총을 피할 수는 없다.

진정한 강인함은 공기처럼 무색무취하고 형태가 있는 것도 아니지만 모든 것을 포괄해야 한다. 이것이 아마 '보통의 힘'의 본모습일 것이다.

'보통의 힘'을 가진 사람은 어떤 어려움에도 쓰러지지 않는다. 포레스트 검프의 선천적 결함이 그가 생명의 꽃을 피우는 것을 막을 수는 없었다. 그는 '보통의 힘'으로 절대 평범하지 않은 인생을 살아냈다.

영화 〈포레스트 검프〉는 영국의 고전 소설 『로빈슨 크루소』를 떠올리게 한다. 어떤 독자들은 로빈슨과 같은 사람들을 '생활자'라고 부르는데, 그들은 무인도에 떨어져도, 독사와 맹수가 출몰하는 정글에서도, 자신의 생활 리듬을 잃지 않을 수 있는 안정감과 여유로운 기질을 타고났다. '보통의 힘'을 가진 사람이야말로 인생의 진정한 주인이다.

# '해야 한다'는 강박을
# 내려놓는 것이 자유다!

## 제 실수를 용서할 수 없어요

며칠 전 한 친구와 이야기를 나눌 기회가 있었는데, 그가 자신의 감정 상태에 대해 직접 말하진 않았지만, 현재 아주 좋지 않다는 것쯤은 느낄 수 있었다.

그는 워낙 똑똑한 사람이라 자신의 불만이 어디에서 왔는지 잘 알고 있었다. 다만 스스로 변화할 능력이 없다고 느꼈거나, 변화할 의지가 없었을 뿐이다. 또한 내면의 고통을 겪고 있으면서도 주관적인 의지가 꺾이는 상황이 그를 고통의 소용돌이 안으로 밀어 넣고 있었다. 그는 이러한 상황을 받아들일 다양한 이유를 찾으려고 노력했다.

"내가 이렇게 해야만 책임감 있는 사람이라는 것을 증명할 수 있어.", "그렇게 해서는 안 된다. 그렇지 않으면 큰 손해를 보고 말 거야."

이렇게 그는 여러 가지 '이유'들을 '논거論據'로 삼아 현재 상황을 받아들이기 위해 애썼다. 하지만 유감스럽게도 그는 이런 '이유'들로 자신을 설득해 봤지만 여전히 감정이 풀리지 않았다.

일상적인 상담을 하다 보면 서로 다른 내담자들인데 비슷한 이야기를 할 때가 많다.

"내면이 좀 더 강해졌으면 좋겠어요."

"제 실수를 용서할 수 없어요."

"완벽한 엄마가 되고 싶어요."

그들은 저마다 '~해야 하는 모습'이 되고자 열심히 노력하지만 매번 잔인한 현실 앞에서 실패하고 만다.

"굉장히 열심히 노력했는데도, 왜 안 되는 걸까요?"

이렇게 질문하는 내담자에게 반문해 보았다.

"누가 그렇게 해야 한다고 시켰나요?"

그러면 어리둥절한 표정으로 대답한다.

"음, 누가 시킨 건 아니에요. 그냥 제가 원해서 하는 거예요. 더 나은 사람이 되려고 하는 게 잘못된 건가요?"

그렇다. 인간이 더 강해지고, 훌륭해지고, 완벽해지고자 하는 것은 지극히 정상적인 일인데, 무슨 문제가 있겠는가? 이건 모두 적극적이고 긍정적인 자기 기대이다. 그런데 왜 그 기대를 실현하는 과정에서 우리는 즐거움이 아닌 고통을 느끼는 걸까?

사실 우리는 이 세상의 많은 것들로부터 속고 있다. 말이 우리를 속일 수 있고, 인지와 사고도 우리를 속일 수 있다. 설령 진리까지 뒤집히고 왜곡된다고 하더라도 우리를 속이지 않는 단 하나가 있다. 바로 우리의 감정이다.

## 외부의 '요구'가 아닌 자기 내면의 '기대'로 살아라

최근에 한 여성이 인간관계에 어려움이 있어서 도움을 청하러 왔다. 성질이 급한 그녀는 누군가와 소통할 때 강하고 공격적인 행동을 하는 경우가 많았고 아무 생각 없이 던진 말로 상대방에게 상처를 줄 때도 많았다. 심할 때는 말다툼으로 이어져 주변 동료들과 갈등의 골이 깊어지고 결국 사이가 점점 멀어지곤 했다.

나는 왜 그녀가 동료들을 강하게 대해야 한다고 생각하는지 궁금했다.

"제가 강한 사람이 되어야 한다는 게 잘못된 건 아니잖아요."

사실 겉으로 강해 보이고 상대하기 어려워 보이는 사람에게도 내면에 남들이 볼 수 없는 연약한 면이 있다. 그녀가 자신에게 바라는 요구와 기대는 '강한 사람이 되는 것'이다. 하지만 상담 과정에서 이것은 원래 처음부터 부모의 '요구'였다는 사실을 알게 되었다. 이런 '요구'는 연약함을 허용하거나 부드러워지자는 그녀 내면의 권리와 욕구를 빼앗아 버렸다.

부모의 기대 외에도 사회의 일부 '가치 요구'는 종종 우리 내면의 진정한 요구를 무시하게 만든다. 우리가 사는 사회도 강자强者는 옳고 약자弱者는 틀린, 이른바 '정글의 법칙'이 적용된다. '정글의 법칙'은 인간이 동물과 구별되는 고유한 특징을 완전히 무시해 버린다. 인간에게는 감정이 있고 자기만의 심리적 필요가 있어서 외적인 강함을 달성하더라도 내면의 연약함을 완전히 제거할 수는 없다. 만약 외부의 '요구'에 따라 맹목적으로 행동하면 내적 갈등을 더 심화시킬 수 있다.

자신이 어떤 모습이 되기를 기대하는 것은 결코 이상한 일이 아니다. 문제는 이 기대가 우리의 본심인지 아니면 외부의 강요 인지 모르는 데 있다.

'기대'의 원인을 분별하는 방법이 있다. 어떤 일을 성취하려는 동기가 '하고 싶다'가 아니라 '해야 한다'라고 느낀다면 우리의 '기대'는 내면에서 우러난 진실한 갈망이 아니라 외부 세계의 속박일 가능성이 크다. 반대로 진실하게 자신의 내면에서 '하고 싶다'는 생각을 확인할 수 있다면 자유롭고 즐거운 상태를 되찾을 수 있다.

'위챗의 아버지' 장샤오룽張小龍에 대한 기사에는 그의 여러 '제멋대로' 일화가 기록되어 있다. 예를 들어 중국 인터넷서비스 전문업체 텐센트의 아침 회의에 참석하지 않고, 사교 활동을 좋아하지 않으며, 텐센트에 방문한 거물급 인사를 피하거나, 골프에 빠져서 골프장에서 살다시피 하는 등 장샤오룽의 제멋대로 행동에 대한 기자의 보도는 끝없이 이어진다.

성공한 사람들이 '신화'적으로 꾸며진다는 점을 고려하더라도, 실제 장샤오룽에게 기사에서 묘사한 면이 있다면 그의 행동은 '해야 한다'에 따라 끌려다니지 않고 '하고 싶다'는 자신의 마음을 따른 결과이고, 그가 온전한 행복을 추구하는 사람임이 틀림없다고 생각한다.

내면의 감정을 충실하게 따르는 사람이 되는 것은 우리에게 가장 중요한 행복의 원천이다.

# '새로운 사랑'은
# 인생 해독제가 아니다

## 본능적으로 찾는 돌파구

70대에 접어든 알피는 문득 과거 젊은 시절을 떠올리며, 한때 '영웅'이었던 자신이 이렇게 황혼처럼 지고 있다는 현실에 슬픔을 감추지 못한다. 그는 젊게 살고 싶다는 일념으로 운동을 시작하고, 젊고 아름다운 콜걸call girl에 매혹되어 아내를 떠난다.

남편의 무관심이 결국 이혼으로 이어지자 배신감에 절망하던 아내는 점쟁이를 찾아가 고리타분한 조언에 마음의 평화를 얻는다.

이들의 딸인 샐리는 가난한 작가와 결혼해 부모님의 경제적 지원 없이는 월세도 낼 수 없는 상황이다. 생활고와 지루한 결혼 생활까지 온갖 스트레스에 시달리던 샐리는 갤러리에 취직한다. 그러다가 마치 절박한 삶의 한 줄기 빛처럼 나타난 부유하고 지적인 직장 상사 그렉과 사랑에 빠지게 된다. 데뷔작 이후 제대로 된 작품 하나 내지 못하고 차기작의 압박에 시달리던 샐리의 남편 로이는 건너편 창가에서 붉은 옷을 입고 기타를 치는 여인 디아에게 집착한다.

며칠 전 본 우디 앨런Woody Allen의 영화 〈환상의 그대you will meet a tall dark stranger〉 내용이다. 이 영화는 한 노부부와 딸이 겪는 인생의 고난과 이를 해결하기 위해 고군분투하는 과정을 다루고 있다.

이 영화를 보면서 주변의 낯익은 사람들이 하나둘씩 떠올랐다. 영화 속 이야기는 우리네 인생과 너무나 닮아서 놀라지 않을 수 없었다. 들어가는 직장마다 너무 힘들어서 끊임없이 이직하는 친구도 있고, 무미건조한 결혼 생활에 흥미를 느끼지 못해 각종 데이팅 앱을 다운로드해서 새로운 사람을 만나는 친구도 있다. 또 중년이고 아직 독신인데 갑자기 별자리의 힘을 믿기 시작한 친구도 있다.

문득 우리 인생이 어둡고 비좁은 막다른 길에 들어선 것 같은 느낌을 받을 때가 있다. 한 줄기 빛도 보이지 않고 뚫고 나갈 출구도 보이지 않는다. 그것은 갈등의 연속인 결혼 생활일 수도 있고 불투명한 미래를 향해 전부를 걸어야 하는 직장일 수도 있다. 이럴 때마다 우리는 본능적으로 돌파구를 찾는다.

새로운 직업, 새로운 취미, 새로운 연애 상대…, 앞으로 이것을 '새로운 사랑'이라고 통칭하겠다. 우리는 인생의 난관에 부딪히면 일단 '새로운 사랑'을 찾아 도망간다. 새로운 사람을 만나거나 환경을 바꾸면 현재 마주한 어려움에서 벗어날 수 있다고 생각하지만 결국 해결되는 건 아무것도 없다.

## 도망치려고 찾는 '새로운 사랑'

직장 생활이 너무 힘들어서 찾아온 내담자가 있었다. 그는 직장 상사와 동료들이 온갖 궂은일을 모두 자신에게 맡긴다는 생각에 회사를 옮기기로 결심했다.

"조금 더 생각해 보고 결정하는 게 좋을 것 같아요."

나의 조언에 그의 대답은 확고했다.

"아니요, 정말 더는 견딜 수가 없어요. 당장 사직서를 내야겠어요!"

다행히도 얼마 지나지 않아 그는 새로운 일자리를 얻었다. 그런데 새로운 회사에 입사한 지 얼마 지나지 않아 그는 다시 이직을 고민했다.

나는 많은 사람을 상담하면서 좌절감을 느끼지 않기 위해 사전에 직장을 그만두는 사람들을 너무나 많이 봐 왔다. 물론 새로운 환경으로 바꾸고 '새로운 사랑'을 선택하면 긍정적인 자기암시가 가능해져서 인생에 대한 통제력을 되찾을 수 있다. 그러나 곤경에 처한 후 '새로운 사랑'을 찾는 것은 부정적인 감정에서 아주 잠깐 벗어날 수 있도록 도와줄 뿐이지, 근본적인 문제 해결은 되지 못한다.

영화 〈환상의 그대〉에 나오는 주인공들의 결말은 어떤가? '새로운 사랑'을 통해 자신의 어려움을 해결하려고 했지만 결과는 그렇지 못했다. 남편 알피는 콜걸 샤메인의 헤픈 씀씀이 때문에 재정 위기에 빠지고, 아내 헬레나는 사기꾼 점쟁이의 명령에 복종해 모든 것을 맡기는 바람에 인생의 황혼기에 자신을 완전히 잃어버리고 만다. 또한 딸 샐리는 직장 상사인 그렉이 자신의 절친과 만난다는 사실을 알고 부유한 결혼 생활의 꿈을 접는다. 작가 로이는 새로운 뮤즈를 찾았다고 생각했지만 결국 친구의 소설을 표절한다.

## '새로운 사랑'의 역설

'새로운 사랑'은 우리 인생의 어려움을 푸는 해독제가 아니라 오히려 새로운 고민거리를 안겨 준다. '새로운 사랑'을 찾는 것은 문제를 해결하기 위한 노력처럼 보이지만 사실은 도피에 불과하다. 바로 다음과 같은 이유 때문이다.

### (1) 외부의 기대를 만족시키기 위해 '새로운 사랑'을 찾는다

내 친구 지희는 서른 살 이전에 결혼하려고 필사적으로 소개팅을 했다. 마침내 소원을 이루긴 했지만 결국 결혼 생활 2년 만에 다시 혼자가 되고 말았다. 며칠 전 그녀를 만났을 때, 당시 자신이 얼마나 어리석었는지 한탄하는 소리를 들었다. 그때는 가족과 친구들이 결혼을 재촉하는 데다 여자가 서른 살이 넘으면 결혼하기 쉽지 않다는 분위기가 있었기 때문에 무턱대고 결혼을 결심했다고 털어놓았다. 지금 생각해 보면 결혼이라는 인생의 중요한 일을 어떻게 그렇게 뚝딱 해치웠는지 모르겠다고 했다.

인간은 사회적 동물이기 때문에 인정받길 원한다. 이는 우리 모두의 기본적인 욕구이다. 그래서 때때로 외부의 기대에 부응하기 위해 내면의 불안을 유발한다. 이 불안을 진정시키기 위해 우리는 가장 쉬운 방법인 '새로운 사랑'을 찾는다. 그러나 그것은 우리가 정말로 원하는 '새로운 사랑'이 아니어서 더 큰 문제를 일으킨다.

그녀는 서른 살이 되기 전에 짝을 찾아야 한다는 강박감으로 결혼을 서둘렀지만 안타깝게도 이혼 역시 초고속으로 찾아왔다. 세상의 기대에 부응하기 위해 치른 대가가 정말 엄청나지 않은가.

### (2) 무력감을 피하려고 '새로운 사랑'을 찾는다

인생에는 피할 수 없는 문제들이 많다. 나이가 들어가는 것이나 사랑하는 사람과 헤어지거나, 또 열심히 일해도 보상받지 못하는 것 등이 그렇다. 이러한 잔인한 현실을 겪으면서 우리는 위축되고 무기력해진다.

영화 속 70대 알피가 자신이 늙었다는 사실을 인정하지 않는 이유는 본질적으로 인생의 통제력을 상실했다는 무력감을 피하고 싶었기 때문이다. 인정하고 싶든 아니든, 모든 인간은 어차피 늙는다. 젊고 아름다운 콜걸 샤메인이라고 해서 그의 나이를 거꾸로 돌릴 수 없다. 늙는다는 사실을 받아들이는 것 외에는 다른 어떤 노력도 회피에 불과하다.

## 환경이 아닌 자신에게 집중해야 할 때도 있다

그렇다고 모든 회피가 바람직하지 않다는 것은 아니다. 기업의 경영 철학에 동의하지 않아서 이직을 결심한 사람도 있고, 충분한 소통 끝에 서로의 가치관이 합의점에 이르지 못한다는 사실을 확인하고 헤어지는 사람도 있다. 이런 상황에서는 '환경을 바꾸는 것'이 당연히 더 나은 선택이 될 수 있다.

그렇다면 환경을 바꾸는 것이 아니라 자신에게 집중해야 문제가 해결되는 상황은 어떤 것일까? 주위 사람들은 모두 잘 지내고 있는데, 자신만 이방인처럼 느껴진다. 이런 상황에서는 조금 더 신중하게 생각해 볼 필요가 있다. 우리가 자신만의 개성을 가질 수 없다거나 반드시 다른 사람에게 자신을 맞춰야 한다는 것이 아니라, 우리 스스로 개방적이고 평화로운 사회적 태도를 길러야 한다는 것이다. 그렇지 않으면 환경이 변해도 우리는 더 행복해지지 않을 것이다.

앞서 말한 급하게 이직하려는 사례자처럼, 직장에서 생기는 어려움의 원인을 자신이 아닌 환경 탓으로 돌리고 직장을 바꾸면 인생 역시 바뀔 수 있다는 헛된 희망에 사로잡힌다면 결국 불행의 악순환에 빠질 수밖에 없다.

# 실망을 받아들이는 것은
# 인생의 필수 과정이다

## 관용은 키우고 집착은 줄인다

내 친구는 아들이 하나 있는데, 이제 막 초등학교에 입학했다. 어느 날 모임에서 그녀는 아들이 숙제하는 걸 완강하게 거부해서 이 일로 담임선생님과 여러 번 상담했다며 몹시 걱정스러워했다. 그런데 막상 아들과 이야기를 나눠 보면 아들은 숙제를 하지 않는 것에 별 신경을 쓰지 않는다는 것이다.

친구가 내게 물었다.

"너라면 이럴 때 어떻게 할 것 같아?"

"나 같으면 숙제를 하지 않았을 때 생길 수 있는 결과에 대해 진지하게 얘기해 볼 거야. 만약 아이가 그걸 감당할 수 있다면 그냥 내버려 둘 거야."

친구는 아들 일도 해결되지 않은 상황에서 딸에게도 문제가 생겼다. 이제 네 살이 된 딸이 늘 자신이 다른 아이들보다 못생겼다고 투덜거리고 친구들이 자신을 좋아하지 않아서 같이 놀고 싶지 않다고 짜증을 부렸다.

내 친구도 심리상담사여서 자녀를 양육하고 가르치는 과정을 꼼꼼히 돌아보면서 딸의 정서적 만족을 위해 늘 신경을 쓰는 편이었다. 그런데 딸의 이유 없는 열등감은 어디에서 온 것일까? 우리는 함께 분석해 보기로 했다. 이리저리 생각하다가 아이가 원래 선천적으로 그렇다는 결론에 이르렀다.

아들이 숙제를 거부하는 일이든, 딸이 알 수 없는 열등감에 빠진 일이든 분명 반가운 일은 아니다. 일반적인 부모라면 극도로 초조해하고 아이를 바로잡기 위해 온갖 방법을 동원했을 수도 있다. 그러나 내 친구는 현실을 바로 받아들였다.

"어쩔 수 없네, 내가 뭘 할 수 있겠어?"

심리학 분야에 종사하는 사람들은 어떤 일이든 비교적 쉽게 받아들이는 편이다. 그들은 인생을 다루든 인간관계를 다루든 관용의 폭은 키우고 집착의 폭은 줄인다.

## 이 세상의 그 무엇도 내 기대만큼 완벽할 수는 없다

옛말에 '인생사 열에 아홉은 뜻대로 되지 않는다'라는 말이 있다. 하지만 현실에서 '뜻대로 되지 않는' 상황이 오면 위의 내 친구처럼 태연하게 마주할 수 있는 사람이 몇이나 될까?

며칠 전 상담을 하는데 갑자기 내담자가 큰 깨달음을 얻은 것처럼 감탄했다.

"선생님, 저번에 저에게 성장하지 않고 변하지 않으면 어딜 가도 같은 상황에 부딪힐 거라고 말씀하셨잖아요. 그게 무슨 말인지 이제 알겠어요."

그녀는 이전에 다니던 회사에서 인간관계 때문에 힘들어했는데, 직장을 옮길지 말지를 고민할 때 나를 찾아와서 의견을 물은 적이 있었다. 하지만 그때만 해도 그녀는 자신에게 문제가 있는 게 아니라 운이 없어서 함께 일하기 힘든 동료를 만난 것뿐이라고 생각했다. 결국 그녀는 생각했던 대로 퇴사를 하고 바로 새로운 직장을 구했다.

새 회사에 들어간 지 얼마 되지 않았을 때는 모든 게 순조로웠다. 상담 중에 사무실 분위기가 어떤지, 전 회사보다 얼마나 좋은지 이야기를 하다 보면 나 또한 그녀가 자신에게 맞는 회사를 잘 찾은 것 같아 덩달아 기뻤다.

그러나 두 달 뒤, 그녀는 또다시 주변 동료 때문에 힘들어했고 출근 자체를 너무 괴로워했다. 하루하루 마음이 편치 않아 일에 집중할 수도 없다고 했다. 그녀는 불만에 가득 차서 물었다.

"선생님, 저는 그냥 편하게 일하고 싶어요. 다른 사람에게는 쉬운데, 저는 왜 이렇게 어려울까요?"

그녀가 마음속으로 기대하던 인간관계는 조화롭고 우호적이며 단순한, 한마디로 갈등이라고는 전혀 없는 관계였다. 그런데 사람과 사람 사이에 어떻게 갈등이 없을 수 있겠는가. 심지어 부모와 자녀 사이, 가장 가깝다는 연인 사이에도 다툼을 피할 수 없는데, 이해관계를 바탕으로 함께 일하는 동료 사이에 갈등이 없기는 더욱 불가능한 일이다.

그녀가 인간관계에 어려움을 느끼는 근본적인 원인은 직장 관계에 대한 비현실적인 환상에 있었다. 이 세상에 존재하지 않는 환상을 필사적으로 추구하는데, 당연히 지속적인 고통이 따를 수밖에 없지 않겠는가.

사실 완벽한 직업과 완벽한 배우자, 완벽한 아이처럼 존재하지 않는 것을 추구하고 집착하는 것은 많은 내담자가 보이는 공통적인 특징이다. 마치 세상이 그들이 기대하는 이상적인 모습

265

으로 이뤄져야만 비로소 고통에서 벗어날 수 있을 것 같다. 알다시피 이 세상의 어떤 것도, 어떤 사람도 완벽할 수 없다. 우리는 환상을 깨뜨리고 자신의 실망을 포함하여 진실을 이해하고 받아들여야 한다.

## 실망을 받아들일 줄 안다면

중요한 일로 출장을 갈 일이 있었다. 작은 실수만으로도 그동안의 모든 노력이 한순간에 수포가 될 수 있는 일이었다. 아니나 다를까 공항에 도착했을 때 하필이면 내가 탈 비행기가 갑자기 취소되었다. 그 순간 불안과 분노, 후회 등 복잡한 감정이 한꺼번에 몰려왔고, 무수히 많은 '만약에'가 머릿속을 스치고 지나갔다. '만약에' 좀 더 일찍 출발해서 다른 항공편을 선택했다면, '만약에' 출장 일정이 오늘이 아니었다면, '만약에' 이 일이 그렇게 중요하지 않았다면 어땠을까? 이 중 어떤 '만약'이라도 실현되기만 한다면 지금의 고통과 실망에서 나를 구해 줄 수 있지만 진짜 우리 인생에는 '만약'이란 건 없다.

급하게 일정 조정을 마치고 '만약'에 대한 생각을 접었다. 이미 일어난 일이니 태연하게 받아들일 수밖에 없다. 그날 나는 공항 서점에서 마음에 드는 책을 사고 카페에 앉아 커피를 마시면서 책을 읽었다. 오랜만에 가진 여유로운 오후였다.

살아가면서 실망은 언제나 피할 수 없다. 때로는 다른 사람이 우리를 실망시키고, 때로는 우리가 자기 자신을 실망시킨다. 실망이 닥쳤을 때 다른 사람을 비난하거나 자신을 공격하기보다는 담담하게 받아들이는 편이 낫다. 받아들이는 순간, 고난은 아름다운 풍경으로 변할 것이다!

# 작은 변화 속에서
# 더 나은 나를 만나다

## '자살방식 노력'의 함정

내 친구 지영은 얼마 전 건강검진을 받았는데, 고혈압과 당뇨, 고지혈증을 한꺼번에 겪는 삼고三高를 진단받았다. 의사는 건강검진 결과지 위의 작은 화살표가 가리키는 여러 숫자를 강조하며 건강한 식습관과 생활 습관을 기르는 데 주의를 기울이지 않으면 중풍에 걸릴 수 있다고 당부했다. 의사의 심각한 충고에 지영은 두려움을 느꼈고 꾸준한 운동으로 세 가지 높은 수치를 낮춰야겠다고 마음먹었다.

다음 날부터 지영은 아침 일찍 일어나 달리기를 했다. 아침 6시, 대부분 사람이 아직 일어나지 않은 시간이었지만 그는 이미 달리기를 마치고 돌아와 SNS에 '출첵(출석체크)' 인증샷을 올렸다.

1일째는 7Km, 2일째는 8Km, 3일째는 9Km, 4일째는 늦잠, 5일째는 10Km, 6일째는 늦잠, 7일째는 늦잠, 일주일이 지나자 지영의 '출첵'은 SNS에서 완전히 흔적을 감췄다.

사실 지영이 버티지 못한 이유는 그가 '자살방식 노력'의 함정에 빠졌기 때문이다. 자신의 몸 상태를 고려하지 않고 기본적인 달리기에 대한 상식을 무시한 채 운동을 시작하자마자 계속 강도를 높이면서 몸에 과부하가 걸린 것이다. 이런 식의 운동은 당연히 지속하기 힘들고 몸을 과도하게 상하게 만들어 얻는 것보다 잃는 것이 훨씬 많아진다.

### 왜 새해 결심은 매번 작심삼일로 끝날까?

연말이 다가올 때마다 어김없이 헛되이 보낸 지난 한 해를 후회하며 이루지 못한 일들을 꼼꼼히 점검하고 이번 새해에는 '다시 태어나겠다'고 다짐하는 사람들이 있다. 그들이 신중하게 세우는 새해 계획은 하나같이 어렵고 복잡한 것들뿐이다.

눈 깜짝할 사이 어느덧 반년이 흘렀는데, 언제부터인지 연초에 세웠던 계획들은 뒷전으로 미뤄두고 여전히 평소와 같은 일상을 살아가는 자신을 발견한다. 호기로운 새해의 다짐은 작심삼일로 끝나고, 또 다른 우스운 이야깃거리로 전락한다.

먼지가 잔뜩 쌓인 계획표를 봐도 더 이상 마음이 동요하지 않는다. '어차피 못할 거, 괜히 스트레스받지 말자.', '올해는 안 되겠군, 새해는 또 돌아오니까 괜찮아.'라는 생각을 위안으로 삼는다.

우리는 운동하고 싶고, 책을 읽고 싶고, 새로운 지식을 배우고 싶어 한다. 많은 사람이 그럴듯한 계획을 세워놓고 끝까지 고수하지 못하는 이유는 자신이 세운 계획이 어려워서가 아니라 잘못된 방법을 사용하기 때문이다.

## 포그 박사의 ABC 이론

미국 행동설계학의 창시자 포그<sup>B. J. Fogg</sup> 박사는 모든 행동을 설계할 수 있다고 믿었다. 행동 설계의 핵심 원칙은 '단순함'이다. 인간의 타고난 본성은 고통스러운 일을 오랫동안 지속하기 어렵다고 판단한다. 어려운 목표나 과제를 수행하는 과정에서 우리는 자신에게 점점 더 실망하고 결국 포기하고 만다.

지영의 운동 계획을 예로 들어 보자. 아침 일찍 7km를 달리는 것은 달리기를 처음 하는 사람에게 결코 쉬운 일이 아니다. 만약 그가 '7km 달리기'를 '점심시간에 스쿼트 10개 하기'로 바꾸면 훨씬 단순하지 않을까? 더 쉽게 버틸 수 있지 않을까?

자신을 변화시키려면 과감한 '개혁'이 아니라 '사소한 습관'을 하나씩 키워나가는 것부터 시작하는 것이 중요하다. '사소한 습관'은 그다지 매력적인 목표가 아닐 수 있지만, 지속 가능한 성공으로 이어질 가능성이 크다.

포그 박사는 사소한 습관을 완성하기 위해서는 '일상의 자극 anchor moment'과 '작은 행동new tiny behavoir', '즉각적인 축하instant celebration'가 필요하다는 'ABC 이론'을 주장했다.

일상의 자극은 새로운 작은 행동을 실행하도록 유도하는 수단이다. 이것은 어떤 일상적인 생활 습관일 수도 있고, 매일 필연적으로 일어나는 일일 수도 있다. 이러한 일상의 자극을 이용하여 점심시간에 스쿼트를 하거나 운전 중에 오디오북을 듣는 등과 같은 새로운 작은 행동을 수행할 수 있다.


작은 행동을 한 직후에는 축하하는 것을 잊지 말자. 자신에게 긍정적인 감정을 갖게 하는 것은 "나는 정말 대단해!"라고 자신에게 말해 주는 것처럼, 작은 자기 격려로도 충분하다.

## 사소한 습관과 시간의 힘

모든 사람의 자기 변화는 점진적인 과정이기 때문에 절박한 마음은 오히려 독이 될 수 있다. 우리는 시간의 친구가 되는 법을 배워야 한다. 격일로 격렬한 운동을 하는 것보다 매일 10분씩 운동하는 것이 지속력도 강하고 효과도 훨씬 좋다.

운동뿐만 아니라 공부나 독서, 친구 사귀기 등 우리가 변화를 주고 싶은 모든 영역에서 먼저 '사소한 습관'을 만드는 것으로 시작하면 점차 간단하고 쉽게 변화를 완성할 수 있다. 모든 변화는 외부 세계나 자신 안에 있는 어떤 편견에 부응하기 위해서가 아니라 더 나은 경험적 자아가 되기 위해 이루어져야 한다.

다시 말해서, 우리는 변화 자체를 위해 일부러 고통스럽게 변화할 필요가 없다. 사소한 습관을 완성하는 법을 배우면 변화는 지속하기 쉽고 즐거운 일이 된다. 사소한 변화를 통해 우리는 마침내 더 나아진 자신을 만나게 될 것이다. 칼릴 지브란<sup>Kahlil Gibran</sup>의 시처럼 말이다.

"언젠가 사랑을 찾지 않고 그저 사랑한다면, 성공을 갈망하지 않고 그저 한다면, 공허한 성장을 추구하지 않고 그저 자신의 성품을 가꾸기 시작한다면, 그때 당신의 인생이 진정으로 시작될 것이다."

# 불안은 만족 지연 능력이
# 부족한 데서 온다

## 성공한 창업자들의 숨겨진 이야기

　최근 몇 년 동안 내 주변에서 창업한다는 사람들이 급격히 늘어났다. 그들은 매일같이 컨설팅을 듣고, 소셜 그룹 활동을 하거나, 인맥을 넓히는 등 재정적 지원을 받을 수 있는 다양한 활동에 참여했다. 창업 준비를 위해 반드시 거쳐야 한다고 알려진 천편일률적인 단계들이었다. 새로운 세상의 문을 여는 참신한 아이디어만 있다면 제2의 빌 게이츠가 될 수 있는 세상이다.

　몇몇 창업에 성공한 사람들과 심도 있는 대화를 나눠 봤다. 그들은 스포트라이트를 받지 못한 자신의 다른 이면을 이야기했다. 창업 과정에서 기꺼이 버텨 낸 고난과 눈물로 지새웠던 수많은 밤, 몇 번이고 포기하고 싶었지만 멈출 수 없던 몸부림, 그야말로 그들의 피, 땀, 눈물이 담긴 한 편의 역사였다. 팀 구성, 자금 조달, 프로젝트 개발의 긴 여정 내내 굴곡 없이 평탄한 순간은 없었다.

나는 창업이 결코 쉬운 일이 아니라는 것을 알게 됐다. 많은 사람이 각종 언론에 보도되는 일부 성공한 창업자의 행복하고 자신감 넘치는 모습만 보고 그 이면에 있는 수많은 고난과 몸부림은 간과하고 있다. 이는 마치 성공이 당장 손에 잡힐 것 같은 인지적 착각을 하게 만든다.

더구나 우리의 인지는 주로 외부 목소리에 의해 형성된다. 우리는 항상 독립적인 사고가 부족하며 보거나 듣는 세계가 진실한 세계라고 큰 고민 없이 받아들인다. 이런 인지적 착각에 기초하여 우리는 자신의 가치를 재평가한다.

'성공하기가 이렇게 쉬운데, 내가 성공하지 못한다면 내가 정말 형편없다는 뜻이 아닐까?'

도대체 그 누가 자신이 형편없다는 사실을 기꺼이 인정할 수 있을까? 그래서 우리는 할 수 있고 성공할 수 있다는 것을 증명하기 위해 노력을 아끼지 않는다. 물론 성공을 추구하는 것이 잘못된 것은 아니다. 세속적인 의미의 성공이든 자기 가치 체계 안에서 인정하는 성공이든, 우리에게 진실한 만족감과 존재감을 가져다줄 수 있다면 모두 추구할 만한 가치가 있다.

문제는 성공을 추구하는 어려움을 과소평가하고, 자신의 능력에 대한 정확한 판단력은 부족한데 무조건 빠르게 성공하기만을 추구한다면, 혹시 모를 스트레스와 어려움 앞에서 극도의 불안과 혼란에 빠져 자신의 심리적 능력을 소진하게 된다.

### '마시멜로 실험'이 주는 교훈

대부분 사람이 느끼는 불안은 실제로 '만족 지연delay of gratification' 능력이 부족해서 나타난다. '만족 지연'은 지금의 충동적이고 즉각적인 만족을 포기하고 더 가치 있는 장기적 결과를 기꺼이 기다리며 그동안 자기통제력을 보여 주는 것이다.

'만족 지연'을 이야기할 때마다 빠지지 않고 언급되는 것이 바로 '마시멜로 실험'이다.

1970년대 스탠퍼드대학교의 월터 미셸W. Mischel 교수와 그의 연구팀은 4~6세 어린이를 대상으로 이 실험을 진행했다. 먼저 아이들을 방 안에 혼자 있게 하고 탁자 위에 마시멜로를 올려놓았다. 연구팀은 아이에게 마시멜로를 바로 먹거나 연구팀이 돌아올 때까지 기다렸다가 먹어도 되는데, 연구팀이 돌아올 때까지 기다렸다가 먹으면 보상으로 마시멜로 한 개를 더 주기로 했다. 그 결과 대부분 아이는 3분도 채 버티지 못하고 마시멜로를 먹어 버렸고, 약 3분의 1의 아이들만 자기통제력을 보여 주며 두 개의 마시멜로를 받았다.

이후 10여 년 동안 연구팀은 실험에 참여한 아이들을 계속 추적 관찰했고, 먹지 않고 참아서 두 개의 마시멜로를 받은 아이들은 마시멜로를 받자마자 먹어 버린 아이들보다 성공할 가능성이 더 크다는 결론을 얻었다.

'만족 지연'은 대개의 현대인에게 부족한 능력이라고 할 수 있다. 주변을 둘러보면, 많은 사람이 감각적 자극이 가져다주는 잠깐의 쾌락에서 헤어 나오지 못하는 경우가 많다. 또 다이어트를 결심하고 며칠 동안 운동했는데 몸무게에 큰 변화가 없으면 바로 포기를 선언한다. 매일 일찍 일어나서 책 읽는 습관을 기르겠다고 다짐했지만 결국 3일도 안 돼서 손에는 책 대신 스마트폰을 쥐고 있다.

앞서 언급한 성공을 간절히 추구하는 창업 희망자들처럼 그들이 실제로 추구하는 것은 '즉각적인 만족'이다. 하지만 '만족 지연' 능력이 부족하면 꾸준히 자신을 향상시킬 수 없기 때문에 막상 어려움이 닥치면 대처할 방법이 없어서 불안과 고통에 빠지고 만다.

### '만족 지연' 능력을 키우는 방법

그렇다면 우리는 어떻게 '만족 지연' 능력을 키울 수 있을까?

### (1) 자신의 리듬을 찾아라

우리는 살면서 항상 습관적으로 '비교 대상'을 찾아 자신의 위치를 확인한다. 그리고 '비교 대상'을 선택할 때 많은 사람이 자신도 모르게 외부로 시선을 돌린다.

"지영이가 외제 차로 바꿨던데!"

"상희가 승진했대!"

기억하자. 외부 메시지가 자신의 가치 판단을 방해하지 않도록 해야 한다. 우리가 자신만의 리듬을 찾고 매일 조금씩만 발전하면 결국 원하는 먼 곳에 도달할 수 있다는 믿음을 가져야 한다.

### (2) 자신의 목표를 마음 깊이 새겨라

순풍에 돛 단 듯 모든 일이 순조로울 리가 없다. 우리는 성공을 추구하는 길에서 반드시 좌절을 겪게 되어 있다. 모든 사람의 정신력이 같지 않기 때문에 좌절에 직면했을 때 나타나는 행동도 다를 수밖에 없다. 시련에 굴복하여 자신의 무기를 버리고 항복하는 사람도 있고, 싸울수록 용감해져서 결국 슬럼프에서 벗어나는 사람도 있을 것이다.

우리의 의지가 꺾이고 흔들릴 때 한번 자문해 보자.

"원래 목표는 무엇이었나?"

"목표를 달성하면 어떤 모습일까?"

"목표가 실현되면 얼마나 기쁠까?"

자신의 목표를 깊이 새기면 그렇게 쉽게 포기하지 못할 것이다.


### (3) 작은 일에 순종해라

'만족 지연' 능력은 본질적으로 집중력과 지구력이 서로 합쳐져야 한다. 이 두 가지 능력을 향상시키려면 작은 것부터 연습해야 한다. 예를 들어 나는 일을 할 때 주의가 산만해지지 않도록 일부러 휴대전화를 멀리 두고 눈앞의 일을 끝내는 데 집중한다. 또한 습관적으로 달성하기 쉬운 계획을 세우는 편이다. 예를 들어 21일 동안 달리기 목표를 완수하면 운동량을 줄이는 식이다. 하지만 중요한 것은 반드시 실천에 옮기는 것이다. 작은 일을 끝내면서 자신을 길들이면 자신감이 점점 높아지고 그러면 '만족 지연' 능력도 자연히 키울 수 있다.

# 인생의 난제를 해결하는
# 특효약이 있습니다!

## 기대를 '내려놓는' 법

현빈의 인생은 줄곧 고통스러움의 연속이었다. 그가 고통스러운 이유를 말할 때는 어딘지 모르게 답답해 보였다.

"왜 우리 엄마는 다른 엄마들처럼 자식을 이해하고 지지하지 못하고 무턱대고 엄마 말만 들으라고 요구하시는지 도무지 이해가 안 돼요."

그의 말을 듣고 난 후 이것이 '보이지 않는 진정한 자아'의 사례라는 것을 알았다.

어릴 때부터 진정한 자아를 올바르게 형성할 수 없었던

현빈은 자라면서 어머니와의 소통을 피하는 데 익숙했다. 어쩔 수 없이 소통해야만 할 때는 무의식적인 분노에 휩싸여 어머니와 크게 싸우곤 했다.

현빈은 이 문제로 나와 여러 번 상담했다. 처음에 나는 "어머니가 당신을 이해하지 못하고 지지해 주지 않을 텐데, 그 사실을 받아들일 수 있겠어요?"라고 거의 매번 물어봤다. 그는 내 질문에 바로 답하지 않고 최근 어머니와 있었던 갈등과 그로 인해 얼마나 슬펐는지 등을 반복해서 말했다. 그럴 때마다 나는 그를 위로했다.

"많이 힘들었겠어요. 그런데 괜찮아요. 아직은 때가 아니지만 언젠가는 이 일로 더는 고통스럽지 않다는 것을 알게 될 거예요."

최근 상담 때 그가 나에게 털어놓았다.

"저는 이제 어머니가 이해해 주기를 더 이상 기대하지 않아요. 예전만큼 고통스럽지도 않고요. 언젠가 어머니가 저를 이해해 줄 날이 오겠죠."

나는 그가 고통이 극에 달한 후에야 마침내 '내려놓았다'는 사실을 알 수 있었다. 우리는 상대방이 100점짜리 표현을 해 주길 기대하지만 상대방은 60점짜리에 불과한 표현으로 그칠 때가 많다. 이런 심리적 격차가 바로 우리가 겪는 고통의 근원이다.

그러나 우리가 '내려놓는 법'을 알면 스스로 내면의 기대를 낮추거나 심지어 기대조차 하지 않는다. 그러면 0점도 허용할 수 있게 되는데, 이때 상대방이 60점짜리 표현을 하면 자연스럽게 우리에게 행복과 놀라움이 찾아온다.

### 인생의 위기가 성공의 시작점으로

최근 내 업무와 관련해서 한 여성 기업가를 알게 됐다. 그녀는 2년 만에 회사를 업계 1위로 올려놓을 만큼 정말 대단한 사람이었다. 회사 규모도 나날이 커지고 있고 요즘에는 회사를 주식시장에 상장하느라 바쁜 나날을 보내고 있었다. 그녀와 이야기를 나누다가 궁금한 점을 물어봤다.

"지금이야말로 당신 인생의 전성기 아니에요? 인생에서 가장 암울했던 때는 언제였나요?"

그녀는 창업을 하게 된 이야기를 들려줬다. 그녀는 결혼 생활을 막 시작해 얼마 되지 않아서 아이를 임신했다. 설레는 마음으로 새 생명을 기다리던 중 뜻밖에도 남편의 외도 사실을 알게 됐다. 기가 막히게도 그녀의 남편은 다른 여성과 사랑에 빠졌다고 솔직하게 인정했고 그렇게 그녀는 결혼 생활을 정리한 뒤 집을 떠났다.

이혼 후 그녀는 저축한 돈이 많지 않기 때문에 금방 재정적으로 궁핍해졌다. 한번은 그녀가 친구에게 분유 살 돈을 빌려 달라고 부탁했는데, 나중에 빌린 돈 2,000위안을 갚으려고 보니 모든 은행 카드를 뒤져도 2,000위안이 되지 않았다. 그 순간부터 그녀는 변화를 위해 창업을 해 아이에게 더 나은 삶을 만들어 주기로 결심했다.

운명이 그녀를 인생의 밑바닥까지 몰아붙였을 때, 오히려 그녀의 내면에서 놀라운 영감이 솟구친 것이다. 이후 끊임없는 노력을 통해 마침내 그녀는 지금의 성공을 이룰 수 있었다.

### '그만두자'라는 지혜

친구가 나에게 물었다.

"많은 사람이 자신을 바꾸고 싶어 하잖아. 일찍 일어나고, 운동을 열심히 하고, 자기감정을 다스리고 싶어 하는데 왜 그렇게 어려운 거야?"

이 질문을 정신분석학적 관점으로 접근해 보면 답은 여러 가지가 있다. 예를 들어 만족 지연이 불가능하거나, 이러한 일에서는 즐거움을 얻기 어렵거나 추진력이 부족하기 때문일 수 있다. 도전은 '초자아'가 명령하고 '자아'는 이에 맞서기에 호락호락하지 않다.

그러나 내 생각에 이 질문에 대한 가장 좋은 답은 '충분히 고통스럽지 않기 때문'이다. 고통은 흔히 우리가 인생에서 부딪치는 많은 난제를 해결하는 두 가지 특효약을 만들어내는데, 하나는 '하자'고 다른 하나는 '그만두자'다.

내가 아주 좋아하는 작가인 왕샤오보王小波는 "인간의 모든 고통은 본질적으로 자신의 무능력에 대한 분노에서 비롯된다."라고 말했다. 이 말은 다음과 같이 이해할 수 있다.

대부분 사람은 위의 성공한 여성 기업가처럼 '하자'는 용기가 없고, 사례자 현빈처럼 '그만두자'라는 담대함이 부족해 결국 자신을 고통스럽게 한다.

나는 고통 속에서 용기를 북돋아 눈부신 반전을 이룬 사람들을 존경한다. 그들은 투사다. 또 인생의 어려운 문제 앞에서 과감하게 '그만두자'라고 말할 수 있는 사람들도 존경한다. 그들은 지혜로운 사람이다.

어려움을 두려워하지 않는 것도 물론 소중하고, 모든 사람에게

'하자'는 용기가 필요하다는 것에도 동의한다. 하지만 해결할 수
없는 난제에 부딪혔다면 '그만두자'보다 더 좋은 해답이 있을까?

'그만두자'라는 말을 과소평가하지 말아야 한다. 다시 한번 말
하지만, 인생 문제에 특효약 중 하나는 '하자'이고, 다른 하나는
'그만두자'이다. 자신의 증상에 맞게 약을 처방하면 모든 병은
머지않아 사라질 것이다.

외부 메시지가 자신의 가치 판단을 방해하지 않도록 해야 한다.
우리가 자신만의 리듬을 찾고 매일 조금씩만 발전하면
결국 원하는 먼 곳에 도달할 수 있다.

우리가 '내려놓는 법'을 알면 스스로 내면의 기대를 낮추거나
심지어 기대조차 하지 않는다. 그러면 0점도 허용할 수 있게 되는데,
이때 상대방이 60점짜리 표현을 하면 자연스럽게
우리에게 행복과 놀라움이 찾아온다.

인간의 모든 고통은 본질적으로
자신의 무능력에 대한 분노에서 비롯된다.

인생 문제에 특효약 중 하나는 '하자'이고, 다른 하나는 '그만두자'이다.
자신의 증상에 맞게 약을 처방하면 모든 병은 머지않아 사라질 것이다.